온라인 수업 시대,
성적이 오르는 아이의 공부법

온라인 수업 시대,
성적이 오르는 아이의 공부법

지은이 이상민, 박경미, 정현경, 이창훈
펴낸이 임상진
펴낸곳 (주)넥서스

초판 1쇄 인쇄 2021년 4월 20일
초판 1쇄 발행 2021년 4월 26일

출판신고 1992년 4월 3일 제311-2002-2호
주소 10880 경기도 파주시 지목로 5
전화 (02)330-5500 팩스 (02)330-5555

ISBN 979-11-6683-053-2 13370

www.nexusbook.com

온라인 수업 시대,
성적이 오르는 아이의 공부법

이상민

박경미

정현경

이창훈

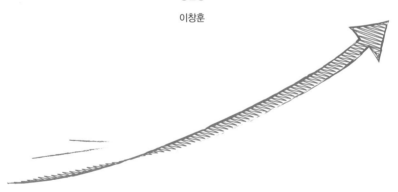

넥서스

"오늘 아침도 온라인 수업이 시작되었다. 출석 시간이 되어서 엄마가 컴퓨터를 켜고 이리저리 아이들을 재촉해 보지만 바쁜 건 엄마 마음뿐이다. 두 아이 중 하나는 아직도 자고 있고, 다른 하나는 잠옷을 입은 채로 누워서 동영상을 시청하고 있다. 수업 동영상과 게임 동영상을 함께 틀어 놓고 보는 것은 아니라 그나마 다행이다. 그렇지 않아도 코로나 블루(우울)가 올 것 같은데, 아이들 공부하는 것을 집에서 보고 있자면 코로나 레드(화병)까지 올 판이다."

이제는 온라인 수업이 일상화가 되어서 이런 상황은 우리 주변에서 흔히 볼 수 있는 광경이 되었습니다. 많은 학부모들이 겪고 있는 어려움인데, 워낙 초유의 사태이다 보니 가이드라인도 없습니다. 허둥지둥 아이들하고 씨름하다 보면 지쳐서 포기하고 싶은 마음이 가득할 것입니다. 어서 빨리 코로나가 종식되어 아이들이 정상적인 학교생활로 돌

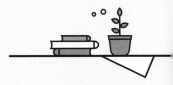

아갔으면 하는 마음이 간절하겠지만 그때까지는 온라인 수업에 대해서 철저한 준비가 필요합니다. 온라인 수업이 시행된 이후 비단 학업에서의 변화가 있었을 뿐 아니라, 학교를 가지 않으면서 자연스럽게 집 밖에서의 생활이 줄어듦으로 인해 생활 전반에 변화가 생겼습니다. 따라서 아이의 학업 결손을 막기 위해서는 학습뿐만 아니라 생활 전반에 걸친 습관을 다시 잡아 주고 잃어버린 일상을 찾아 주는 것이 우선되어야 합니다.

코로나 위기 속에서도 몇몇 학부모는 이 위기를 오히려 교육의 기회로 삼고 있습니다. 코로나 이후 학업 결손과 학습 격차가 생길 것은 불 보듯 뻔한 일입니다. 그러니 이 시기를 현명하게 잘 극복해야 하고, 이후에도 아이의 교육 방향에 대해서 어떻게 가이드를 할 것인지가 중요합니다. 이 책은 코로나로 인해 무너진 일상과 그로 인해 생기고 있는 학업 결손, 학습 격차를 줄이기 위해 학부모들이 가정에서 해야 할 것들에 대해 안내를 하고 있습니다. 교육 정보가 인터넷과 유튜브에 넘치고 있지만 무엇을 믿어야 할지, 그 방법이 과연 우리 아이한테도 효과가 있을지 알 수 없습니다. 안 그래도 걱정이 많은 우리나라 부모들은 코로나 시기를 어떻게 극복해야 할지 난감하기만 합니다. 그러나 이 시기가 기회가 될 수 있습니다. 아이와 함께 있는 시간이 많아졌으니 아이를 이해하고 파악하는 데 있어서 가장 좋은 시기입니다. 또, 아이가 수업을 받는 모습을 직접 볼 수 있는 기회가 생겼습니다. 예전에 몰랐던 아이의 모습을 볼 수 있는 것입니다. 아이를 파악하고 생활 습관을 바로잡아 주고 아이에게 맞는 학습 습관을 길러 줄 수 있는 절호의 기회로 활용해 보는 것입니다.

한편으로는 코로나로 인해서 의도치 않게 미래 교육이 성큼 앞으로 다가왔습니다. 비대면 수업에서 아이들이 경험한 수업 방식은 하나의 미래 교육의 방식이라고 볼 수 있습니다. 코로나가 끝나면 다시 학교로 돌아가겠지만, 그렇다고 예전의 교육 방식이나 학교생활과 똑같이 진행되지 않을 것입니다. 교과서를 가지고 일방적으로 선생님이 수업하는 기존의 방식에서 벗어나 다양한 학습 자료를 접하고 새로운 방식으로 소통을 한 경험은 미래 지향적인 21세기 핵심 역량과 맞물려 있는 것입니다. 즉, 이러한 학습 경험은 정보를 탐색하고 비판적으로 수용하는 디지털 리터러시와 비판적 사고 방식, 다양한 미디어를 활용하고 해석해 내는 ICT 활용 능력과 미디어 리터러시, 의사소통 능력, 자기 주도적 학습 역량과 같은 핵심 역량을 강화시킬 수 있습니다. 단, 이런 것들이 그냥 따라오는 것은 아닙니다. 비대면 교육의 경험을 미래 핵심 역량과 학습 능력 강화로 연결하기 위해서는 부모의 현명하고 적극적인 역할이 필수입니다.

이 책에서 제시하고 있는 교육 가이드는 비대면 수업이 실시되고 가정에서 아이를 돌봐야 할 시간이 늘어난 지금 시기에 유용하게 쓰일 뿐만 아니라 그 이후를 준비할 수 있도록 미래 지향적인 관점에서 집필하였습니다. 즉, 시기를 막론하고 가정에서 부모가 평소 아이의 학업과 생활 습관에 관심을 가지고 도와줄 때 필요한 지침이 될 것입니다. 비대면 수업 시기가 부모에게는 교사의 역할까지 감당해야 하는 힘든 때지만, 이때를 잘 보내면 부모도 아이도 한 단계 더 도약할 수 있습니다. 학부모들은 이 시기를 통해서 그동안 알기 어려웠던 아이의 성향, 아이와의 소통 방식, 아이가 배우고 있는 것에 대해 알게 됨으로써 특별한 경험을 하게 된 것입니다. 또한 아이들에게도 이 시기에 길러진 자기 주도적 학습 역량은 미래 어떤 상황에서도 큰 원동력이 될 것입니다. 이 책이 각 가정에서 비대면 수업이라는 어려운 시기를 기회로 바꾸는 데 좋은 길잡이 역할을 할 수 있기를 바랍니다.

3부. 가정에서 비대면 학습 도와주기

4부. 과목별 가정 학습 가이드

1부

우리 아이들이 살아갈
미래 사회에서 필요한 능력

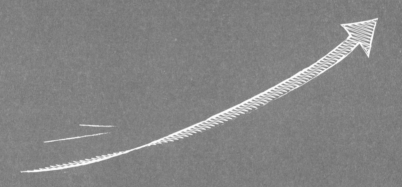

1장

코로나가 완전히 바꾼 교육 환경, 부모가 먼저 변해야 한다

　　미국에서 공부하던 2000년대 초, 이미 그때부터 음성 인식, 인공 지능 이야기가 조금씩 흘러나오기 시작했습니다. 영어 교육학을 공부하던 저는 기대가 되면서도 은근히 걱정스러웠습니다. '인공 지능이 외국어까지 완벽하게 해내는 거 아닐까?', '설마 영어 공부도 영어 교사도 아예 필요 없어지는 건 아니겠지?'라는 생각이 들었습니다. 그럴 때마다 공대 박사들은 "그런 일은 우리 살아생전에는 절대 일어나지 않아!"라며 쓸데없는 걱정하지 말라고 조언했습니다.

　　그런데 그 예측이 완전히 빗나갔습니다. 2016년 이세돌과 알파고의 역사적 대국의 충격이 채 가시기도 전에, 구글은 '인공 신경망 방식의 기계 번역'이라는 이름도 어려운 기술을 자랑스럽게 발표했습니다. 이 기술은 외국어 번역을 획기적으로 바꾸어 놓았습니다. 2017년 구글은 이 기술을 사용해서 미용실과 레스토랑에서 일하는 사람에게 전화를 해서 능청스럽게 예약을 하는 대화를 선보여, 많은 사람들을 깜짝 놀라게 했습니다. 왜냐하면 레스토랑에서 전화를 받은 사람보다 인공 지능의 영어 발음이 더 좋았기 때문입니다. 생전에 볼 수 없을 것이라던 그 기술이 이제는 보란 듯이 우리의 일상 속으로 파고 들어왔습니다.

빠른 진화 속도에 감탄만 하다 불현듯 '인공 지능이 외국어 번역을 이렇게 잘하면 앞으로 나는 뭘 하지?'라는 고민이 다시 찾아왔습니다. 빠르게 변하는 세상 속에서 여러분은 미래에 대한 어떤 기대와 상상을 하고 있나요? '완전 자율 주행 기능은 출근길 운전석에서 커피 한잔의 여유를 가능하게 하지 않을까?', '물건을 결제하면 드론이 배송해 주는 날이 곧 오겠지?' 하고 기대할 수 있습니다.

하지만 이런 장밋빛 기대만큼이나 막연한 불안감도 떨칠 수 없는 게 사실입니다. 신문에는 10년 이내에 없어질 직종과 새롭게 각광 받을 직종이라는 기사가 심심찮게 나옵니다. '혹시 내가 하는 일이 사라질 직종에 포함되어 있는 것은 아닐까?', 자녀의 장래 희망을 들으면서도 '이 아이가 자랐을 때 과연 그 직업이 남아 있을까?' 하는 불안감이 계속됩니다. 그러나 준비하는 자에게 미래는 두려움이 아니라 기대의 대상입니다. 그리고 이 두려움을 기대로 바꿔 줄 준비는 바로 미래를 대비하는 교육입니다. 이제는 교육의 시계를 미래로 맞춰야 할 때가 온 것입니다.

☑ 빠르게 변하는 사회 그리고 뒤따라가는 교육

그러면 왜 교육을 미래에 초점을 맞춰야 하는지 한번 생각해 봐야 합니다. 지금까지 세상은 끊임없이 변화해 왔으며 이런 변화는 우리에게 여러 혜택을 주기도 했지만 동시에 여러 직군의 실업을 초래했습니다. 19세기 산업 혁명 당시 영국에서 증기 기관이 발명되자 많은 육체 노동자들이 고된 노동에서 강제 '해방'되었고, 상수도 시설이 확충되자 물장수가 사라져 버렸습니다. 세상의 변화는 전화 교환원, 버스 안내원 등 수많은 직업을 사라지게 만들었습니다. 우리가 어릴 때는 있었는데 지금은 없어진 직업만 생각해 봐도 얼마나 많은 직업의 변화가 있었는지 알 수 있습니다. 이렇듯 세상은 항상 변화해 왔고, 빠르게 변하는 지금의 풍경이 딱히 새로운 것은 아닙니다. 다만 지금은 변화의 속도가 너무 빠르다는 것입니다. 우리와 같은 보통 사람들은 시대의 변화를 이끌기는커녕 따라잡기에도 벅찹니다. 4차 산업 혁명 시대, 세상은 가속도가 붙은 자동차처럼 질주 중입니다. 우리도 문제지만, 우리 아이들 세대는 어떻게 해야 할까요? 아이들이 변화하는 미래에 어떻게 대비해야 할지 고민이 깊어질 수밖에 없습니다. 우리 아이들에게 변화의 꽁무니만 쫓아다니는 삶을 살게 할 수는 없으니까요.

가장 확실하게 미래를 준비할 수 있도록 도와주는 것이 바로 교육입니다. 교육은 우리가 사회에 나갔을 때 무엇이 필요할지를 가늠하여 미리 가르치고 훈련시키는 준비 단계입니다. 그런데 사회가 너무 빨리 발달함에 따라 교육이 사회의 발달 속도를 따라가기 어렵게 되었습니다. 다음 그래프는 역사적으로 교육이 기술을 따라잡기 위해 얼마나 노력했는지를 보여 줍니다. 그래프 왼쪽 부분은 산업 혁명 이전 농경 사회로, 미래를 위해 진로를 탐색할 필요가 없던 시절입니다. 이때는 부모의 직업이 곧 나의 직업이었죠. 부

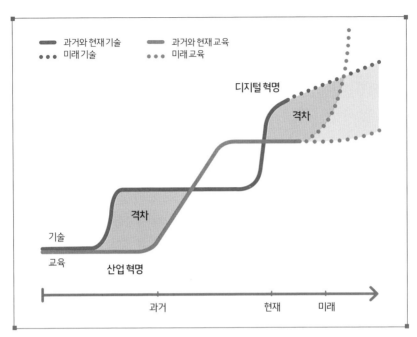

기술과 교육의 경주, Goldin and Katz (2010)

모가 농사를 지으면 농사를 배우고, 대장장이의 자식으로 태어나면 당연하게 그 기술을 배웠습니다. 뭘 배워서 뭘 하고 살아야 하는지는 다 정해져 있었습니다. 이처럼 기술의 변화가 적을 때는 기술의 발전과 교육의 차이도 거의 없었습니다.

그러나 산업 혁명을 기점으로 역사는 완전히 변합니다. 기술이 폭발적인 속도로 발전하기 시작했습니다. 그리고 이때부터 사회의 발전에 비해 교육의 발전은 턱없이 뒤처지게 됩니다. 대부분의 사람들은 새로운 사회가 요구하는 지식과 기술을 갖추지 못한 채 사회에 진출했고, 그 결과 많은 사람들이 실업자로 내몰리게 되었습니다. 그뿐 아니라 교육을 받은 사람과 받지 않은 사람 간의 임금 격차도 더욱 벌어지게 되었습니다. 이런 문제를 해소하기 위해 학교는 사회가 원하는 '기능적인 인간'을 공장처럼 빨리 찍어 내서 사회로 내보내게 됩니다. 사회가 원하는 일꾼들을 학교가 계속 공급해 줄 수 있게 되면서 비로소 사회는 안정을 되찾고 번영을 누리는 것 같았지만 그것도 잠시뿐이었습니다. 디지털 혁명을 기준으로 다시 새로운 변화가 시작되었고 기술과 교육 간의 격차는 또다시 벌어지게 되었습니다. 역사의 도돌이표인 것입니다. 교육은 이러한 변화에 맞추기 위해 최선을 다해 따라가고 있지만, 교육이 채 따라잡기도 전에 기술의 발전에 가속도가 붙으며 격차를 오히려 벌리고 있습니다.

교육은 우리나라뿐 아니라 세계 모든 나라에서 성공적인 사회생활을 할 수 있게 해 주는 하나의 장치입니다. 그래서 교육은 사회에서 무엇이 필요한지를 계속 생각하고 사회에서 필요한 인재와 일꾼들을 만들어 내기 위해서 끊임없이 노력을 하고 있습니다. 그럼에도 불구하고 교육은 대체로 사회의 변화를 따라잡을 수 없다는 것을 역사가 보여 주고 있습니다. 즉, 미래에 대해 생각을 하지 않으면 금세 뒤처진다는 것입니다. 우리는 끊임없이 변화하며 발전하는 사회 속에서 살아가며, 그 안에서 나름대로 노력을 합니다. 문제는 '생전에' 이런 변화를 몇 번이나 더 겪을지 누구도 모른다는 겁니다. 우리도 그렇지만, 다음 세대를 살아갈 우리 자녀들에게 더 많은 준비가 필요한 이유가 바로 이것입니다. 그렇다면 도대체 무엇을, 어떻게 준비해야 할까요?

☑ 고기 잡는 법

영어 속담에 "Give a man a fish and you feed him for a day; teach a man to fish and you feed him for a lifetime."이라는 말이 있습니다. 어떤 사람에게 물고기 한 마리를 주면 하루 먹을 것을 주는 거지만, 물고기 잡는 법을 알려 주면 평생 먹을 것을 주는 것이라는 뜻이죠. 많이 들어 봤고 깊이 공감하는 말이지만 우리는 여전히 아이들에게 '떠먹여 주는 교육'을 하고 있습니다. 하루가 다르게 변화하는 지금, 옛 어른들의 지혜를 따라 아이들에게 스스로 고기 잡는 법을 가르쳐 주어야 합니다. 어릴 때부터 들어 온 나머지 너무 상투적으로 들려서 한 귀로 듣고 다른 귀로 흘리기 십상인 말이지만, 이 말은 정말 진리라는 생각이 듭니다.

그렇다면 고기를 잡는 방법은 무엇일까요? 그것은 바로 세상에 적응하며 스스로 발전하는 역량을 기르는 것입니다. 교육은 지식, 기술, 역량, 태도, 가치 등 다양한 것을 가르쳐 '전인'으로 성장시키는 것을 목표로 하지요. '전인 교육'이란 말을 들어 본 적이 있을 겁니다. 한쪽으로 치우치지 않고 전체적으로 균형 있는 인간을 만들기 위한 교육이라는 말인데요. 오히려 최근 들어서는 우리나라에서 전인 교육이라는 말을 듣기가 어렵습니다. 그만큼 이를 덜 중요하게 여기게 되었다는 것을 알 수 있습니다. 사실 요즘의 우리 교육은 지식과 기술에 너무 치중되어 있습니다. 그것이 좋은 대학을 가기 위해, 좋은 기업에 입사하기 위해, 대한민국 사회에서 성공하기 위해 필요한 열쇠이기 때문입니다. 그래서 학교도, 가정도, 학원도 아이들에게 그저 지식이라는 '잘 구워진 생선'을 열심히 떠먹여 줬던 것이죠. 그러나 우리 자녀들이 살아갈 세상에서는 지금 열심히 외우고 있는 이 지식이 쓸모없어질지도 모릅니다. 대학에서 배운 지식이나 기술로 평생을 살아가기도 힘듭니다.

그래서 도태되지 않기 위해 변화에 맞춰 계속해서 배워야 합니다. 그러려면 우리 아이들이 무엇을, 어떻게 배워야 하는지 스스로 알 수 있어야 합니다. 이것이 바로 '역량'입니다.

지식과 역량은 다릅니다. 지식이 어떤 분야에 대해 아는 것이라면, 역량은 분야를 뛰어넘어서 어떤 분야에서든지 적용할 수 있는 능력을 말합니다. 예를 들어, 자기 주도적 학습 역량이라고 하면 스스로 계획을 세우고 공부를 할 수 있는 능력을 말하는데, 이 능력은 어느 한 분야에만 적용되는 것이 아닙니다. 자기 주도적 학습 역량이 되는 아이는 어떤 분야나 과목에 관계없이 스스로 공부를 잘할 수 있습니다. 지식도 물론 중요합니다. 아는 게 있어야 사용할 수가 있으니까요. 그런데 지식이 있다고 나 사용할 수 있는 게 아닙니다. 머릿속에만 간직해 놓고 사용하지 못하는 지식은 '죽은 지식'이나 다름없습니다. 역량이 있는 사람이란, 자신이 갖고 있는 지식을 어떻게 활용해야 하는지를 아는 사람입니다. 역량은 교과서 지식을 외우는 데 그치지 않고, 문제를 해결하기 위해 필요한 지식을 찾아 스스로 공부하며 방법을 모색하는 능력입니다. 계획한 것을 실행하고, 실행 후 배운 것을 적용하고 성찰하는 능력도 모두 역량에 포함됩니다. 지식과 기술이 물고기라면 역량이야말로 물고기 잡는 방법인 것입니다.

고정된 '지식'을 외우는 것보다 '역량'을 갖춰야 하는 또 다른 이유가 있습니다. 그건 우리가 배우는 지식과 능력 자체가 사회의 변화에 따라 시시각각 달라지기 때문입니다. 실제로 과학적으로 검증되었던 수많은 지식들이 발전된 연구를 통해 결과가 뒤집힌 경우가 많습니다. 이런 세상에서 책 속의 단순한 지식만 믿고 외우는 것이 미래 사회를 준비하는 데 과연 도움이 될까요? 물론 지식을 배우는 것은 학습의 출발입니다. 하지만 스스로 공부하고, 탐구하며, 때로는 배우고 있는 지식에 대해 의심도 해 봐야 아이들은 역량을 지닌 사람으로 성장하게 됩니다. 부모님이나 선생님이 떠먹여 주는 교육으로는 절대 이런 능력을 갖출 수 없습니다. 그리고 역량은 공부에서뿐만 아니라 살아가는 데 있어서 중요한 기반이 되는 능력입니다. 초등 시기에는 이런 능력을 길러 주는 데 집중을 해야 합니다. 공부할 줄 아는 아이로 만들 수 있다면 공부가 훨씬 쉬워집니다. 지식을 억지로 떠먹여 주고 좋은 대학을 보내는 것이 부모의 역할이 아닙니다. 21세기 디지털 원주민으로 태어난 아이들은 인공 지능이 일상화된 사회에서 살아가게 될 겁니다. 어떤 상황에서도 자신이 나아갈 길을 정확히 알고, 계획하고, 실행하고, 성찰할 수 있는 역량 있는 아이로 길러 내야 합니다.

더욱이 2020년 코로나 사태를 지나며 우리는 예상치 못한 폭풍 같은 교육의 변화를 이미 온몸으로 체험했습니다. 학교는 비대면 수업이라는 낯선 방법으로 수업을 하기 시작했습니다. 많은 아이들과 학부모들이 당황했고 우왕좌왕했습니다. 그러나 이때도 공부하는 기본기가 되어 있는, 즉 역량 있는 아이들은 오히려 이 시기가 자기 주도적 학습을 해 볼 수 있는 절호의 기회가 되었습니다. 대면 수업이나 비대면 수업에서 공부를 잘하기 위한 방법이 다르다는 말이 아닙니다. 공부를 잘하고 어떠한 일을 성공적으로 해내는 능력이나 자질은 대면이나 비대면이나 기본적으로 같습니다. 그러나 비대면 교육 상황에서 더 빛을 발하는 역량이 있는데 그것이 바로 자기 주도적 학습 역량, 비판적 사고, 미디어 리터러시, 창의성, 의사소통 능력입니다.

이런 역량은 어제오늘 나온 얘기가 아니고, 늘 중요했습니다. 그런데 부모님이나 선생님이 지도를 해 주었을 때는 스스로 공부하는 역량이 되는 아이와 없는 아이 간의 차이가 크게 벌어지지 않았지만, 비대면 수업과 같은 위기 상황이 되니 그 차이가 두드러지게 나타났습니다. 이런 역량은 학습의 성패 여부를 판가름 지을 수 있는 중요한 능력입니다. 그뿐만 아니라 사회생활을 해 나가는 데도 너무나 중요한 기본적 자질입니다.

21세기 진정한 부모의 역할은 아이들 스스로 학습하고 미래를 준비할 수 있도록 길을 열어 주는 것입니다. 물론 아이들이 살아갈 미래 사회에서 어떤 직종, 어떤 지식, 어떤 기술이 필요할까 점치는 것은 매우 어렵습니다. 그러나 확실한 것은 부모가 먼저 아이들을 파악하고 미래를 위해 무엇을 해야 할지 공부하면서 열심히 해답을 찾아야 우리 아이들을 도와줄 수 있다는 겁니다. 그러면 아이들 스스로 학습하고 미래 사회를 준비하기 위해서 어떤 역량이 필요한지 이제부터 구체적으로 알아보겠습니다.

2장

평생의 밑거름, 자기 주도적 학습 역량

비대면 수업이 시작된 지 이제 한참이 지났습니다. 비대면 수업 이후로 학습과 생활 전반의 흐름이 완전히 무너졌다고 원망하는 아이들이 있는 반면, 어떤 아이들은 시간 관리와 진도를 스스로 조절할 수 있게 되어서 비대면 수업을 오히려 선호하는 경우도 있습니다. 항간에는 코로나가 끝나면 최상위권과 하위권만 남게 될지 모른다는 얘기가 떠돌기도 하는데, 같은 코로나 시기를 겪으면서 왜 어떤 아이는 최상위권으로 가는 반면에 어떤 아이는 하위권으로 떨어지게 되는 것일까요?

비대면 수업 기간 동안 더 열심히 공부했다는 아이들의 말을 들어 보면 학교를 가지 않고 집에 있으면서 시간을 더 효율적으로 사용할 수 있었다고 말합니다. 하지만 이와는 반대에 해당하는 아이가 훨씬 더 많습니다. 그동안 대면 수업에서는 공부를 스스로 할 수 있는 습관이 형성 안 된 아이들도 교사가 관리하며 지도를 하면 어떻게든 학습이 이뤄졌습니다. 옆의 친구들이 공부하는 것을 보는 것은 사춘기 아이들에게 일종의 압박이자 동기 부여가 되기도 했습니다. 다양한 사교육 기관에서 전반적인 학습 관리를 해준 것 역시 도움이 되었습니다. 그러나 비대면 상황에서는 이러한 외부적 관리나 지도를 받을 수 없게 되었고, 오직 엄마, 아빠에게 이 모든 것이 맡겨졌습니다. 그러나 아이들은 이 힘든 상황에서 부모 마음을 아는지 모르는지, 아무리 부모가 애정 어린 충고를 해도 이를 짜증스러운 잔소리로만 여깁니다. 주변의 관리 시스템이 무너지자마자 아이의 일상과 학습이 한꺼번에 무너진 것입니다. 자기 주도적 학습 역량이 부족한 아이들이 2020년 내내 겪어 온 어려움입니다. 비대면 수업 기간에 자기 수도적 학습을 잘해서 더 효율적이었다는 아이들이 극소수 있기는 하지만, 이것이 저절로 되는 것은 아니기에 아이들이 이런 역량을 기를 수 있도록 지도가 꼭 필요합니다.

자기 주도적 학습 역량은 대면, 비대면을 불문하고 공부하는 데 매우 중요한 능력입니다. 흔히 공부를 잘하는 아이들의 특징으로 끈기를 꼽습니다. 끈기란 자신의 목표를 향해 힘든 것을 참고 나아갈 수 있는 힘을 말합니다. '포기하지 않고 책상 앞에 앉아 있는 능력', 우리 표현으로 '엉덩이 힘'이죠. 그렇다면 어떤 아이들이 끈기가 있을까요? 끈기는 바로 자기 주도적 학습 역량과 밀접하게 연관되어 있습니다. 자기 주도적 학습 역량이 높은 아이들은 자신의 꿈과 목표를 세우고 그 목표를 향해 매일 지속적으로 노력하는 끈기 있는 아이들입니다.

이런 역량은 주변에서 학습을 관리해 주던 사람이나 학교, 학원에서 공백이 생기면 더욱 힘을 발휘하기 시작합니다. 즉, 스스로 학습을 잘 관리하기 때문에 외부 시스템이 정지했을 때도 무너지지 않고 잘 유지되는 것입니다.

오히려 비대면 교육의 장점인 시간과 장소의 융통성을 최대한 효과적으로 활용할 수도 있습니다. 그러니 비대면 교육의 상황에서 자기 주도적 학습 역량이 있는 아이와 그렇지 않은 아이 간의 학습 격차가 이전보다 훨씬 크게 벌어지는 것은 당연한 결과입니다. 다양한 시스템에 의존해 힘겹게 학습을 해 오던 아이들이 일시에 나가떨어진 사이, 자기 주도적 학습 역량을 가진 아이들은 힘차게 앞서 나가고 있는 것입니다.

☑ 참을성을 갖고 작은 것부터

앞에서 자기 주도적 학습 역량이 높은 아이들은 오히려 비대면 수업 기간 동안 더 효율적으로 자기 공부를 했다고 했습니다. 이런 자기 주도적 학습 역량이 높은 아이들은 특징이 있습니다. 이것을 살펴보고 이런 특징을 우리 아이도 가질 수 있도록 도와주면 되겠지요. 그러면 자기 주도적 학습 역량이 높은 아이들의 특징을 살펴보겠습니다.

- 목표 의식이 뚜렷하다.
- 스스로 계획하고 실천하려는 의지가 강하다.
- 자기 조절 능력이 강하다.
- 모든 일에 끈기가 있다.
- 학습에 재미와 흥미를 느낀다.

여러분들이 공부했던 시절을 떠올려 보면 이게 결코 쉽지 않다는 걸 알 수 있습니다. 특히 마지막이 어려운데, 공부에 재미와 흥미가 있으면 무슨 문제가 있을까요? 공부가 재미있다고 하는 사람들은 그다지 많지 않습니다. 공부가 마냥 재미있어서 하는 것이 아니라면 어떻게 할까요? 우선, 재미있게 만들어 줄 수 있으면 가장 좋습니다. 배우는 것이 재미있고 호기심이 생기도록 해 주면 더할 나위 없습니다. 그런데 이것은 이번 장에서 이야기할 내용은 아니니 공부가 좀 재미없더라도 잘해 나갈 수 있는 다른 방법에 대해 좀 알아보겠습니다.

자기 주도적 학습 역량을 기르기도 어려운데 그나마 조금 있던 자기 주도적 학습 태도가 비대면 수업이 시작되면서 엉망이 된 경우가 많습니다. 기간이 짧을수록 회복이 빠르겠지만, 이미 한 해가 훌쩍 지났습니다. 그럴지라도 참을성을 갖고, 가장 고치기 쉬운 나쁜 습관부터 하나씩 없애는 것이 필요합니다. 좋은 습관을 하나씩 더하는 게 아니라 나쁜 습관을 하나씩 빼는 겁니다. 어떤 습관은 금방 고쳐질 터이고, 어떤 습관은 시간이 좀 걸릴 수도 있겠지요. 그럴 때도 조금씩 나아질 수 있도록 인내심을 가지고 도와줘야 합니다. 나쁜 습관 빼기 하나, 좋은 습관 더하기 하나와 같은 식으로 한 걸음씩 나아가다 보면 어느새 훌쩍 앞서 나아가고 있는 아이를 보게 될 것입니다.

☑ 작은 목표를 모아 큰 꿈을 이루어라!

<u>자기 주도적 학습 역량을 기르기 위해서 첫 번째로 해야 할 일은 적당한 목표 세우기</u>입니다. 자기 주도적 학습 역량은 자기 주도적 생활 습관에서 비

롯됩니다. 그런데 많은 아이들이 자기 주도적 생활 습관을 만들기에 실패합니다. 그것은 결코 아이들의 능력이 부족해서가 아닙니다. 게으르기 때문도 아닙니다. 실패하는 데는 여러 가지 이유가 있겠지만 목표를 잘못 세운 경우가 아주 많습니다. 세운 목표가 너무 원대하거나, 현실성이 떨어지거나, 너무 장기적이기 때문에 그렇습니다. 꿈은 클수록 좋다고 했던가요? 물론 무한한 가능성을 가진 아이들이 꿈을 크게 가져야 하는 것은 맞습니다. 하지만 앞에 놓여 있는 목표가 너무 원대한 것은 동기 부여 측면에서 그다지 효과적이지 않습니다. 크고 원대한 꿈은 작은 조각, 조각의 목표가 모여 이루어지는 것이기 때문이지요. 초등학생들이 가장 흔히 세우는 목표를 한 번 볼까요?

- 1년 동안 책 300권 읽기
- 줄넘기 인증제 특급 따기
- 매일 부모님의 집안일 도와드리기
- 수학 시험 항상 100점 받기

모두 아주 바람직한 목표입니다. 그런데 뭐가 문제냐고요? 이런 식의 목표들이 아이들에게 성취 동기를 제대로 부여해 줄지는 의심스럽거든요. 이런 목표는 가장 흔하지만, 가장 흔하게 제대로 지켜지지 않는 것입니다. 물론, 저런 목표를 다 지킬 수 있는 아이들도 있을 겁니다. 그러나 만일 여러분의 자녀가 아직 자기 주도적 생활 습관과 학습 역량이 제대로 갖추어진 상태가 아니라면, 그래서 시작 단계의 훈련이라면, 그 첫걸음은 아이가 '실천할 수 있는' 목표를 세우는 것입니다. 실천할 수 있는 목표를 세우는 것이 중요한 이유는 시작한 지 얼마 안 돼서 포기하면 안 되기 때문입니다. 목표를 세우고 포기하고, 또 다시 목표를 세우고 포기하기를 반복하면 이것이 습관이 됩니다. 그러면 정말 자기 주도적 학습 역량과는 멀어지게 되므로, 아이가 실천할 수 있는 작은 것부터 시작하는 것이 중요합니다.

자기 주도적 학습 역량을 기르기 위해서는 달성할 수 있는 작은 목표부터 시작할 수 있도록 해야 합니다. 기간을 짧게 잡아서 성취감을 자주 맛볼 수 있도록 해야 합니다. 일 년 치 목표를 세우고 일 년 뒤에나 결과를 확인할 수 있는 목표를 세우지 않도록 지도해 주세요. 어린아이들일수록 기간을 짧게, 매일 작은 목표를 세우고 매일 달성한 것에 대해 칭찬을 해 주어야 합니다. 그러면서 차츰 목표를 더 크고 더 길게 가져갈 것입니다. 그럼 자기 주도적 학습 역량을 키우기 위해서 목표를 세우는 구체적인 방법을 알아보겠습니다.

☑ 좋은 목표의 조건

목표를 세우고 사흘이 지나기가 무섭게 목표를 포기해 버리는 것, 아이들만의 문제가 아닙니다. 우리 어른들도 다 그렇게 했습니다. 초등학교 시절, 방학이 되면 으레 생활 계획표부터 짰습니다. 지금도 새해가 다가오면 무슨 의식인 양 당연하게 목표를 설정하고 있습니다. 그런데 항상 목표를 세우기는 쉬워도 실행하기는 어렵습니다. 실행할 수 있는 좋은 목표는 어떤 것일까요? 거대한 목표가 아니라 실천할 수 있는 목표가 좋은 목표입니다. 예를 들어, 내가 남들보다 게으른 편이라면 거기에 맞춰서 너무 힘들지 않은 목표를 세우는 것이 맞습니다.

목표를 잘 세우기 위해서 참고할 수 있는 원칙이 있습니다. 아래의 'SMART 원칙'을 참고하여 실천할 수 있는 목표를 아이와 함께 짜 보면 큰 도움이 됩니다.

〈목표의 SMART 원칙〉

S(Specific) : 구체적이어야 한다.

M(Measurable) : 측정 가능해야 한다.

A(Achievable) : 달성 가능해야 한다.

R(Result-oriented) : 결과가 분명해야 한다.

T(Timely) : 달성되어야 할 시기가 명확해야 한다.

상당히 스마트해 보이지 않나요? 그럼 이번에는 이 'SMART 원칙'을 적용해서 앞의 목표를 수정해 보겠습니다.

〈SMART 원칙을 적용한 목표 설정〉

– 1년 동안 책 300권 읽기

⇨ 이번 일주일 동안 저녁을 먹은 후 30분씩 책을 읽는다.

– 줄넘기 인증제 특급 따기

⇨ 이번 한 달 동안 하루에 줄넘기를 100개씩 연습하겠다.

– 매일 부모님의 집안일 많이 도와드리기

⇨ 이번 일주일 동안 설거지, 거실 청소, 꽃에 물 주기를 돌아가며 한 가지씩 하겠다.

– 수학 시험 항상 100점 받기

⇨ 이번 수학 시험에 80점 이상 받겠다.

이렇게 수정하니 목표가 훨씬 명확하고 구체적입니다. 너무 자세해서 멋이 없어 보일 수도 있습니다. 하지만 이 목표는 앞서 언급한 목표에 비해 아이들에게 '해야 할 것을 분명히 제시하는' 목표입니다. 목표는 현실적이어야 합니다. 초등학교 고학년이 읽을 만한 책의 수준과 내용을 고려하면 1년에 책을 300권 읽는다는 것은 현실적으로 달성하기 어려운 목표입니다. 실천하기 힘든 목표를 세우면, 아이들은 목표에 근접하기도 전에 중도 탈락합니다. 아니면 목표 자체를 달성하기 위해 수준에 맞지 않는 짧은 책을 읽고 수를 채우기도 합니다.

기간도 짧게 설정해야 합니다. 기간이 너무 길면 지칩니다. 그러니 기간을 짧게 하여 빨리 끝내도록 히는 것이 디 효과적입니다. 그리고 달성 여부를 정확히 확인할 수 있는 목표를 세워야 합니다. 이러한 목표 설정은 아이들이 스스로 목표를 실행하면서 필요에 따라 다시 조정하거나 변경할 수 있도록 해 줍니다. 목표를 대신 세워 주거나 강요를 하는 것은 금물입니다. 목표는 꼭 아이가 직접 세울 수 있도록 해 주세요.

☑ 학습 계약

부모가 많이 개입하지 않으면서 아이가 목표를 세우고 달성하는 것을 도와줄 좋은 방법이 있습니다. 바로 '학습 계약'입니다. 부모와 아이 간에 학습 계약서를 작성하는 것인데요. 다양한 형태로 작성할 수 있는데, 부모와 아이가 함께 학습 계약서를 작성하고 사인을 해 지키도록 합니다. 엄마, 아빠와 학습 계약서를 만드는 것은 그 자체로도 재미있는 활동입니다. 학습 계약서는 아이에게 매일 무엇인가를 하게 만드는 작은 동기를 부여할 것입니다. 아래의 '학습 계약서 예시'를 참고하여 학습 계약서를 만들어 봅시다. 여기서 중요한 것은 엄마나 아빠가 원하는 학습 계약서가 아니라 아이가 스스로 목표를 잡을 수 있도록 해 주는 것입니다. 기간은 짧게 잡는 것이 좋기에 처음 학습 계약서를 만들 때는 기간을 한두 주 정도로 시작해 봅니다.

자기 조절력과 끈기가 없는 아이들은 당연히 학습 계약을 지키기 어려울 수 있습니다. 이런 아이를 응원해 주기 위해서 아이에게 작은 보상을 해 주는 것도 좋습니다. 학습 계약서에 아이가 원하는 보상을 넣어 외적 동기를 주는 것으로 시작해도 괜찮습니다. 그러나 그보다는 차츰차츰 스스로 성취감과 재미를 느낄 수 있도록 매일 조금씩 나아지고 있는 아이를 응원해 주세요. 그래야 더 길게, 더 멀리 갈 수 있습니다.

학 습 계 약 서

계약자: _____

계약 기간: ○○년 ○월 ○일부터 ○○년 ○월 ○일까지

그날 숙제는 그날 끝낸다.
수학 문제집을 (   )쪽 푼다.
내가 고른 책을 (   )분 읽는다.

위 계약을 성실히 지킬 것을 동의합니다.   사인 _____

사랑하는 _____의 결심을 응원하며 위 계약을 성실히 지킬 수 있도록 적극적으로 도와주겠습니다.
부모님 사인 _____

☑️ 성취감의 경험

적당한 목표를 세웠다면 그 다음에는 당연히 실행을 해야 합니다. 목표를 세우고 이를 잘 실행해서 목표를 달성했다는 성취감을 느낄 수 있다면 지속적으로 목표를 세우고 또 노력할 수 있는 원동력이 될 수 있습니다. 그러기 위해서는 현실성 있고 단기적인 목표를 설정해 아이들이 작은 목표를 성취하는 경험을 갖도록 해야 합니다. '책 300권 읽기'에 비해 '이번 일주일 동안 저녁을 먹은 후 30분 동안 책을 읽는다'라는 것은 훨씬 성공할 가능성이 높습니다. 아이들에게 부담도 없지요. 하지만 스스로 정한 목표를 지켜서 성공했다는 것은 아이들에게 큰 성취감을 줍니다. 성공의 경험은 아이들에게 새로운 도전을 위한 동기를 부여하며 또 지속적으로 노력할 수 있도록 해 줍니다.

계획표는 계획표일 뿐 방학은 계획표와 상관없이 따로 돌아간다는 생각이 반복되게 되면 목표를 세우거나 지키기 위한 노력을 점점 하지 않게 됩니다. 예를 들어, 평소 자신의 생활 패턴과 상관없이 기상 시간을 너무 이르게 정하는 아이가 있는가 하면, 비현실적으로 공부 일정을 짜는 아이도 있습니다. 쉬는 시간 없이 운동과 학원, 공부와 독서를 반복하는 계획표는 보고 있으면 뿌듯합니다. 하지만 이런 계획표는 방학을 시작한 후 불과 며칠 지나지 않아 수포로 돌아가기 일쑤입니다. 이런 생활 계획표를 그대로 지킬 수 없다는 것은 아이들도 이미 잘 알고 있습니다. 그저 원대한 목표를 세웠다 실패하기를 반복하며 점점 무감각해지는 것이죠. 작은 계획을 세우고 그것을 성취하는 소중한 경험을 할 수 있도록 옆에서 도와주세요. "이렇게 일정을 짜는 것은 실천하기 너무 힘들지 않을까?", "처음 며칠은 현실적인 일정으로 해 보고 잘 되면 더 많이 해 볼까?"와 같은 질문을 아이가 스스로 할 수 있게 지도해 보세요.

일단 작은 목표를 성공하게 되면 점차 목표를 상향 조정해 봅니다. 일주일이라는 단기적인 목표에서 조금 더 장기적인 목표로 바꿔 볼 수 있습니다. 책 읽는 시간을 늘려 좀 더 어려운 과업에 도전할 수도 있습니다. 일주일간 줄넘기를 매일 200개 하는 것을 목표로 하고 이를 성공했다면, 새로운 목표로 기간을 늘리거나 해야 하는 줄넘기 개수를 늘려 볼 수 있습니다. 한 주만에 200개를 늘리는 것은 조금 부담스러울 수도 있습니다. 그렇다면 100개 정도 늘려서 '이번 2주일 동안 매일 줄넘기 300개씩 하기'와 같은 목표를 세울 수 있습니다. 분명 이전보다 조금 더 노력해야 성취할 수 있는 진화된 목표입니다. 이렇게 실행 가능한 목표를 설정하고 목표를 점차 '진화'시켜 나가는 경험이 아이들을 성장하게 만듭니다. 이렇게 목표 달성과 목표 수정을 반복하다 보면 아이들은 자신에게 상당한 노력을 요구하지만, 성공할 수 있는 목표를 스스로 설정할 수 있게 됩니다. 우선 아이 본인이 뿌듯함을 확실히 느낄 수 있을 것입니다. 여기까지만 해도 정말 성공입니다.

"고기도 먹어 본 사람이 먹는다."라는 말이 있습니다. 성공이나 성취감도 계속 경험해 봐야 그 맛을 알고 또 새롭게 도전을 하게 됩니다. 공부도 그렇지만 세상 대부분의 일이 한 번의 과정으로 끝나지 않습니다. 하나의 과정이 끝나면 다음 과정이 기다리고 있지요. 일학년이 끝나면 이학년이 되고, 초등학교를 졸업하면 또 중학교에 진학하며 계속적인 과정이 반복됩니다. 이전 과정에서 성취감을 맛보았다면, 그 경험은 다음 과정에서 더 열심히 하고자 하는 마음인 '동기'로 나타납니다. 이런 과정이 반복되면 결과적으로 좋은 결실을 거두게 되는 것입니다.

☑ 과정에 보상해 주기

보상에는 외적 보상과 그 일을 하는 자체에서 기쁨을 느끼는 내적 보상이 있습니다. 아이에게 "수학 시험 100점 받으면 스마트폰 바꿔 줄게."와 같은 말을 하고 나서 찜찜한 느낌이 들었던 부모님들이 있을 텐데요. 내적 보상이 당연히 더 좋다는 걸 알지만, 상황상 외적 보상을 거는 경우가 생기게 됩니다. 공부하고 배우는 일에 항상 기쁨이 뒤따르는 것은 아니기에 외적 보상도 너무 과하지만 않으면 가끔 사용해 볼 수 있습니다. 그런데 보상을 할 때 생각해야 하는 것이 내적 보상이냐 외적 보상이냐 외에 또 중요한 것이 있습니다. 바로 결과에 보상을 하느냐 과정에 보상을 하느냐입니다.

부모들이 외적 보상을 걸면서까지 달성하기 원하는 목표들은 대부분 아이들이 직접적으로 통제하기 힘든 것들입니다. 수학 시험 100점 받기, 줄넘기 인증제에서 특급 따기, 과학 상상화 그리기 대회에서 상장 받기와 같은 목표들은 아이들이 열심히 노력해도 결과로 이어지지 않을 수 있습니다. 예컨대 최선을 다해 수학 공부를 했지만 문제가 어렵거나 안타깝게 그날 실수를 할 수도 있습니다. 줄넘기를 매일 열심히 연습해도 컨디션에 따라 몇 번 넘지 못하고 줄에 걸려 버리는 일도 흔히 발생합니다. 상상화를 그리기 위해 열심히 구상하고 연습했지만 나보다 더 뛰어난 평가를 받은 아이가 상을 받아 갈지도 모릅니다. 이처럼 운이 따르고 불확실한 결과에 외적 보상을 걸고 동기를 부여하는 것은 바람직하지 않습니다. 아이를 불안하게 만드는 동시에 아이에게 부모가 과정보다는 결과 지향적이라는 인상을 주기 쉽거든요. 게다가 이런 보상은 나는 노력했는데도 안 되는구나 하는 부정적인 생각을 하게 만들기도 합니다.

그래서 결과보다 과정에 칭찬을 해 주는 것이 필요합니다. 열심히 연습하고 노력했지만 100점을 못 받거나 대회에서 수상하지 못하여 안 그래도 아쉬운데 부모님의 칭찬까지 받지 못한다면, 실패한 기억으로만 남게 될 것입니다. 하지만 열심히 노력하는 과정을 보상해 주는 것은 자녀에게 소중한 성장의 경험이 됩니다. 결과와 관계없이(상을 받든, 받지 못하든) 열심히 노력한 과정을 바탕으로 아이들을 칭찬해 줍시다. "수학 시험에서 100점을 받다니, 정말 잘했어!"라는 결과 지향적인 칭찬은 일순간 기분이 좋게 할지는 모르지만 '또 100점을 받아야 하나? 다음에는 100점을 못 받을지도 모르는데.' 또는 '내가 열심히 해도 100점을 받지 못하면 저번처럼 칭찬을 받지 못하겠구나.'라는 생각이 꼬리에 꼬리를 물고 괴롭힐지도 모릅니다.

칭찬의 초점을 과정으로 돌려 봅시다. "수학 공부를 매일 열심히 하는 모습이 정말 대견스러워. 엄마는 네가 노력해서 이런 결과를 얻었다고 생각해."는 어떨까요? 결과에 관계없이 과정으로 칭찬받고 보상받는 경험은 과정을 중시하는 자기 주도적인 아이로 만듭니다. 오랫동안 이러한 경험이 누적되면 이 아이에게는 더 이상 외적 보상이 필요하지 않게 됩니다. 자신이 스스로 계획을 세우고, 그 계획에 따라 실천하여 목표를 달성하는 경험 자체가 아이에게 큰 동기로 작용하기 때문입니다.

그런데 칭찬을 하는 것이 쉬운 것만은 아닙니다. 오늘 하루 여러분이 누구에게 어떤 칭찬을 했는지 떠올려 보세요. 몇 번이나 되나요? 칭찬을 자주하는 것도 쉽지 않거니와 잘 하는 것도 어렵습니다. 칭찬을 잘못하면 별로 효과도 없고 나중엔 오히려 역효과가 날 수도 있습니다. 아이에게 칭찬을 할 때는 다음을 기준으로 해 보면 도움이 됩니다.

- 칭찬할 때는 솔직하고 진솔하게 하자.
- 칭찬은 구체적으로, 아이가 뭘 잘해서 칭찬을 받고 있는지 스스로 알 수 있도록 하자.
- 결과보다는 노력과 과정에 칭찬을 하자.
- 노력과 관련 없는 부분에 대해 칭찬하는 것(넌 천재야, 넌 정말 예쁜 천사 같아)은 지양해야 한다. 이런 칭찬은 기분은 좋을 수 있으나 자기 주도적 학습 역량을 기르는 데는 도움이 안 된다.
- 다른 의도를 가지고 칭찬을 하는 것은 금물이며, 칭찬처럼 보이나 사실은 부모가 원하는 일을 하도록 은근히 강요를 하는 칭찬은 하지 말자.
- 너무 쉬운 일까지 과도하게 칭찬하는 것도 금물이다.
- 아직 벌어지지 않은 일까지 칭찬하지 말자(다음 번에도 백 점 받을 거야).

☑ 학습 단계별 자기 주도적 학습 역량을 기르기 위한 방법

자기 주도적 학습 역량은 타고나는 것이 아닙니다. 교육과 훈련에 의해 길러지는 역량입니다. 자기 주도적 학습 역량은 어느 딱 한 가지의 능력이나 특성이 아니고 여러 가지 특성(끈기, 목표 의식 등)이 모여서 자기 주도적 학습 역량이 되는 것입니다. 그래서 단번에 만들 수 있는 것이 아니고 차근차근 단계를 밟아 가야 합니다. 아이 스스로 자기 주도적 학습 역량을 기르기 위해서 학습 단계별로 다음과 같이 차근차근 해 보도록 지도해 주세요.

1단계: 학습 전

- 실천 가능한 목표를 세운다.

- 재미있고 도전적인 목표를 세운다.

- 목표를 달성했을 때를 상상해 본다.

- 이미 그 목표를 달성한 사람을 떠올려 본다.

- 스스로 학습 계획표를 짜 본다.

- 함께할 학습 친구를 만든다.

1단계는 목표를 세우고, 어떻게 달성할지를 생각하고 나름대로 전략을 짜는 단계입니다. 목표를 달성하기 위해서는 아이가 재미있어하고 달성 가능한 목표로 시작해야 합니다. 그리고 배우는 과정을 자신이 통제하고 선택할 수 있도록 해야 합니다. 여기서 부모님의 통제가 심하면 아이가 흥미를 잃게 되니 너무 간섭을 하거나 통제를 하기보다는 옆에서 지켜보며 응원을 해 주세요. 혼자보다 또래와 같이 공부하는 것이 더 효과적인 아이들도 있습니다. 그런 아이들은 또래 집단 내에서 같이 학습하는 환경을 만들어 주면 훨씬 쉽고 재미있게 학습을 할 수 있습니다. 다른 아이들이 하는 것을 보고 같이 자극도 받고 경쟁도 하면서 목표를 함께 이루어 나가는 재미를 발견하는 것입니다.

2단계: 학습 중

학습 전 단계에서 목표를 세우고 목표를 달성하기 위한 일들을 했다면 학습 중에는 아이가 아래와 같은 원칙을 세우고 실천하도록 해 봅시다.

- 학습 목표를 스스로 확인한다.
- 학습 시간과 쉬는 시간을 적절히 배분한다.
- 시간을 계획적으로 관리한다.
- 학습 내용을 기록하며 스스로 확인한다.
- 배움의 재미를 알아 가면서 내적 동기가 생기도록 한다.
- 이해되지 않거나 궁금한 부분은 다른 사람의 도움 없이 스스로 해결한다.
- 알고 싶은 부분에 대해 다양한 방법(인터넷 찾아보기, 친구들과 토론하기)으로 접근한다.

2단계를 보면, 학습 중에는 학습을 확인하고 관리하는 데에 초점이 맞춰져 있음을 알 수 있습니다. 즉, 여기서는 자기가 목표를 향해 잘하고 있는지를 스스로 확인을 하는 것이 중요합니다. 또, 자기가 배운 것에 대해 알고 있는지 모르는지, 잘 모르겠으면 뭘 해야 하는지 스스로 아는 능력이 필요하답니다. 이게 바로 메타인지입니다. 다음에 메타인지에 대해 더 자세히 이야기하겠지만, 여기서 간단하게 설명을 드리자면, 메타인지는 내가 아는 것과 모르는 것을 인지하고 스스로 문제점을 찾아 해결하며 자신을 조절할 줄 아는 능력입니다. 예를 들어, 길을 걸으면서 걷는 데만 집중하는 것이 아니라 내가 지금 맞는 방향으로 걷고 있는지, 이 속도로 걸으면 약속 시간에 늦지 않을 수 있는지 생각하는 것입니다. 배우는 과정 자체를 기록해 보고 확인하는 과정이 메타인지에 속합니다. 자기 주도적 학습이 가능하도록 하려면 학습 과정에 대해 스스로 확인할 수 있는 능력이 필요합니다. 공부를 잘하려면 자기가 지금 하고 있는 방법이 맞는지, 잘 되고 있는지, 어떻게 하면 더 잘할 수 있는지에 대한 공부 방법에 대해서도 스스로 생각할 줄 알아야 합니다. 엉덩이 힘만 필요한 게 아니라 요령껏 공부할 수도 있어야 한다는 것입니다.

3단계: 학습 후

그러면 공부를 했으면 끝인가요? 그렇지가 않습니다. 자기 주도적 학습 역량을 기르고 공부를 잘하기 위해서는 학습 이후에도 할 일이 남아 있습니다. 아이가 다음과 같이 해 보면서 자기 주도적 학습 역량을 완성하도록 해 주세요.

- 학습 후 나만의 방식으로 요약해서 정리한다.
- 배운 것을 가족에게 설명해 본다.
- 알게 된 것을 활용하여 문제를 풀어 본다.
- 그날 배운 것은 그날 복습한다.
- 학습 태도를 스스로 평가해 본다.

목표를 세우고 학습하는 것 이상으로 학습을 마무리 짓는 것도 중요합니다. 공부를 했다고 다 이해가 되는 것도 아니거니와 이해를 하긴 했는데 금방 잊어버리기도 합니다. 그래서 학습 효과를 높이기 위해서는 오래 기억하는 것이 중요합니다. 기억을 잘할 수 있는 자기만의 방법을 알아내는 것도 학습 효과를 높일 수 있는 좋은 전략입니다. 아이가 이러한 좋은 공부 방법을 스스로 하게 해 주기 위해서는 옆에서 다양한 방법을 해 보도록 슬쩍 부추기는 것도 도움이 됩니다. 학습 후 나만의 방식으로 요약하거나 배운 것을 가족에게 설명해 보는 것입니다. 배운 내용을 머릿속으로 한번 그려 보는 것도 좋은 습관입니다.

학습 후 가져야 하는 습관은 내가 공부를 하긴 했는데 효율적으로 잘 되었는지 스스로 한번 생각해 보는 것입니다. 한 시간 공부했는데 이 정도 분량이면 만족스러운지, 배운 내용에 대해 이해가 잘 되었는지 스스로 평가를 해 봅니다. 평가라고 하니 거창하게 들리지만, 한 5분만이라도 내가 스스로 만족할 만한 것인지 아니면 다음 번에는 다른 방법으로 공부를 해 볼 건지를 생각하는 것입니다. 공부뿐 아니라 우리도 일상생활에서 스스로 한 일에 대해서 계속 평가를 해 보고 더 잘할 수 있는 방법이 있는지를 찾아보는 것과 같습니다. 예를 들어, 어떤 요리를 했는데 맛이 없으면 어떻게 하면 다음엔 더 잘할까, 요가 포즈가 잘 안 되면 어디를 고쳐야 할까 생각해 보는 것과 같은 이치입니다. 이런 생각을 전혀 하지 않고 항상 하던 대로만 계속한다면 발전이 없고 늘 그 자리거나 너무나 천천히 나아지겠지요. 공부도 마찬가지입니다. 어디가 잘 되고 어디가 잘못되고 있는지 스스로 생각해보고 고쳐 나가는 습관이 필요합니다.

아이가 자기 주도적 생활 습관을 갖게 되고 자기 주도적으로 공부를 하게 되기까지는 시간이 꽤 걸릴 것입니다. 그리고 부모 마음에 썩 들지 않을 수도 있습니다. 이번 장에서 반복적으로 말씀을 드리는 건, 그럼에도 불구하고 너무 아이에게 개입을 하지 말라는 것입니다. 아이가 내 마음대로 안 된다고 참지 못하고 일일이 개입을 하는 순간 자기 주도적 학습 역량은 물 건

너갑니다. 그러므로 긴 호흡으로 기다리며 조금씩 변화하는 모습에 칭찬을 해 줘야 합니다. 자기 주도적 학습 역량이 갖춰지면 성적도 오르겠지만, 그보다 더 큰 것을 얻게 됩니다. 그것은 자기 삶에 대한 주체성, 이것이야말로 행복하고 성공적인 삶을 살 수 있는 가장 큰 밑거름입니다.

3장

주체적인 삶을 살기 위한 첫걸음, 비판적 사고

앞 장에서 행복한 삶을 살기 위해서는 주체성이나 자기 주도적 학습 역량이 중요하다고 했습니다. 이번 장에서 이야기할 비판적 사고도 그 연장선상에 있다고 볼 수 있습니다. 주체적인 삶을 살기 위해서 필요한 역량 중 하나가 비판적 사고 능력이기 때문이지요. 비판적 사고는 이 책을 읽고 있는 부모님들 세대에서는 그다지 많이 다루지 않았던 영역이었습니다. 그러다가 지난 10여 년 동안 비판적 사고의 중요성이 끊임없이 강조되면서 우리나라 교육과정에도 다뤄지게 되었습니다. 미국, 핀란드, 캐나다 등 여러 선진국에서는 이미 상당히 오래전부터 이 비판적 사고의 중요성을 깨달았고 학교에서 실제로 많이 훈련을 시킵니다.

그런데 우리는 '비판적 사고'가 중요하다는 것을 머리로는 이해하지만 당장 내 주변에 비판적 사고가 강한 사람이 있으면 불편할 것 같은 느낌이 듭니다. 그냥 늘 그렇게 해 온 일인데 "왜 그렇게 해야 하나요?" 하고 묻는 사람이 나타나면 피곤합니다. 조직 속에서 '비판적인 사람'이란 곧 '반대하는 사람', '삐딱한 사람', '트집 잡는 사람'처럼 인식되기도 합니다. 실제로 삐딱한 사람들이 있기도 합니다만, 진짜 건전한 비판적 사고를 가진 사람들을 만나도 마음이 개운하지 않을 때가 있습니다. '다 함께' 문화가 강한 한국인은 다른 사람의 의견에 반대하거나, 의심하고 검증하는 것에 익숙하지 않은 탓입니다. 학교 교실만 보더라도 토론 문화가 거의 없습니다.

아이에게 비판적 사고 능력을 키워 주기 위해 많이 노력하는 부모도 흔하지 않습니다. 비판적 사고가 시험을 잘 보고 좋은 대학을 가는 데에는 도움이 되지 않는다고 생각해서 그럴 수 있습니다. 별의별 학원이 다 존재하는 우리나라에서 비판적 사고 능력에 대해 알려 주는 학원을 본 적이 없다는 게 그 방증이기도 하지요. 외우고 문제를 풀어서 입시 대비하는 것도 버거운데 비판적 사고까지 챙길 여유가 없습니다. 왜 이 문제는 이렇게 되는지, 다른 의견은 없는지 따지기보다 그냥 외우고 점수를 잘 받는 것이 더 중요하다고 생각합니다. 그래서 오랜 시간 동안 우리에게서 비판적 사고가 그토록 소외되어 온 것입니다.

그럼에도 불구하고 비판적 사고 능력은 21세기를 살아갈 아이들에게 반드시 필요한 핵심 역량입니다. 게다가 요즘의 아이들을 생각하면 비판적 사고를 더 이상 제쳐 둘 수 없겠다는 생각이 듭니다. 코로나 19로 인해 공부와 취미를 모두 미디어를 통해서 하는 아이를 떠올려 보세요. 아이들은 화면 속에서 세상의 모든 정보를 얻고 그것을 그대로 믿습니다. 이제는 정보가 부족한 게 문제가 아니라, 홍수처럼 쏟아지는 정보 속에서 무엇을 믿을지, 그리고 어떻게 선택해야 하는지가 새로운 문제가 되었습니다.

세상에 완전히 객관적인 정보란 없습니다. 아무리 객관적으로 보이는 정보라 하더라도 말하는 사람에 따라 달라집니다. 즉, 말하고 전달하는 사람의 세계관과 가치관을 '한 번 거쳐서' 듣게 되는 셈입니다. 여기서 중요한 것은 내가 듣고 있는 이 정보가 틀릴 수도 있다고 의심해 보라는 것입니다. 다들 좋아하고, 믿고, 신뢰하는 사람이 한 사람씩은 있을 것입니다. 그 사람이 정치인이나 학자일 수도 있고 연예인이나 유튜버일 수도 있습니다. 우리는 그 사람들이 혹 틀릴 수도 있을 것이라는 생각은 안 하고 별로 의심하지 않고 그대로 받아들이는 경우가 많습니다. 왜냐하면 그런 생각은 나를 불편하게 만들기도 하고 때로는 '나를 즐겁게 해 준다면 충분하지 정보가 좀 틀리면 어때.' 하고 생각하기 때문입니다. 그러나 최근 들어 TV나 유튜브에 나오는 스타 강사들의 강의 내용이 틀렸다는 얘기도 심심치 않게 들립니다. '이게 맞는 건가?', '다른 방법은 없을까?' 하고 생각해 보는 것, 여러분이 읽고 있는 '지금 이 책'마저 '저자가 말하는 게 정말 모두 사실일까?' 하고 생각해 보는 것, 그것이 바로 비판적 사고입니다.

비판적 사고가 당장 아이의 시험 성적이나 입시로 이어지지는 않습니다. 그러나 정보로 가득 찬 세상을 살아가는 데는 매우 중요한 능력입니다. 비판하지 않는 사람은 스스로 원하는 삶이 아닌 다른 사람들이 바라는 삶을 맹목적으로 살게 될 가능성이 높습니다. 비판적 사고는 학교 성적에는 반영되지 않을지라도 인생의 성적에는 점수가 들어갈 겁니다. 우리 인생의 성적표에는 '스스로의 삶의 주인으로서 주체적으로 행동하기'라는 중요한 영역이 있으니까요. 비판적 사고는 '삐딱하게' 보는 것이 아니라 '제대로' 보는 것입니다. 비판적으로 사고하는 아이가 주체적으로 자랍니다. 그리고 주체적으로 자기 삶을 사는 아이가 행복한 삶에 한 발자국 더 가까워집니다.

☑ 비판적 사고 능력이란?

비판적 사고가 삐딱하게 보는 것이 아니라면 정확하게 무엇을 말하는 것일까요? 비판적 사고가 무엇인지 좀 더 구체적으로 알아보겠습니다. 자기주도적 학습 역량이 한 가지의 능력이 아니라 여러 능력이 합해진 것이라고 했는데 비판적 사고도 마찬가지입니다. 비판적 사고를 하는 사람들은 다음과 같은 특징이 있습니다.

- 일상생활에서 접하는 것에서 문제점을 발견한다.
- 어떤 사건이나 사실을 다른 각도에서 바라볼 수 있다.
- 열린 마음으로 세상을 본다.
- 논리적으로 나의 주장을 펼칠 수 있다.
- 내가 알고 있는 정보에만 의지하지 않고, 끊임없이 대안을 생각한다.
- 문제를 체계적으로 해결한다.
- 자신의 믿음이나 가치를 성찰하고 판단한다.

여러분은 이 중 몇 가지에 해당되는 것 같나요? 비판적 사고의 핵심은 다양하고 열린 생각을 할 수 있는 것, 그래서 '나의 생각이 틀릴 수 있다'라는 사실을 인정하는 것입니다. '세상을 삐딱하게 본다', '남의 말에 사사건건 시비를 건다'와는 전혀 다릅니다. 오히려 열린 마음을 가지고 세상을 바라보고, 자신과 세상 사이의 균형을 찾을 수 있도록 해 주는 것이 비판적 사고입니다. 비판적 사고 능력은 주변의 영향을 많이 받습니다. 비판적 사고를 할 줄 아는 사람들이 주변에 있으면 이러한 열린 태도를 더 잘 배울 수 있습니다. 그래서 부모님들이 어느 정도 비판적 사고를 하는지도 아이의 비판적 사고능력 향상에 영향을 미칩니다. 아이와 함께 가끔씩 시간을 내서 비판적 사고 방식에 대해서 훈련해 보면 좋습니다. 자기 주도적 학습 역량은 매일 원칙대로 노력을 해서 습관으로 만드는 것이 중요하지만, 비판적 사고 능력을 위해서 매일 무엇인가를 할 필요는 없습니다. 일주일에 한 번 아빠와 함께 신문을 읽고 이야기를 한다든지, 가족들이 같이 TV를 보면서 비판적 사고를 자극할 수 있는 질문을 해 보는 것으로도 충분합니다.

☑ 호기심 유지하기

비판적 사고의 첫걸음은 주변에서 매일 겪는 것 중에서 문제가 되는 것을 찾아내는 것입니다. 그런데 이것이 가능하려면 먼저 호기심이 있어야 합니다. 알고 싶은 마음이 없는 아이에게는 학습 그 자체가 의미가 없고 고통스럽습니다. 비판적 사고뿐 아니라 학습에서도 호기심은 매우 중요합니다. 그렇다면 아이가 호기심을 가질 만한 주제와 문제를 알아볼 수 있도록 유도해 주는 것이 필요합니다. 어렵고 있어 보이는 주제보다 아이 주변에서 찾을 수 있는 쉽고 흔한 일에서 소재를 찾아보세요. 우리 주변만 봐도 비판적인 사고를 훈련할 수 있는 문젯거리들은 얼마든지 있답니다. 아침마다 반복되는 우리 동네의 교통 혼잡 문제, 반려동물을 함부로 버리는 나쁜 사람들, SNS에서 일어나는 왕따 문제 등 주변에서 경험하고 있는 우리 생활 속 문제에서부터 시작해 보세요. 우리 아이가 어떤 문제에 눈을 반짝이는지? 그 순간을 포착합니다. 그리고 그 분야에 대해 항상 관심을 갖고 말을 걸어 보세요. 칭찬도 듬뿍 해 주세요. "와, 진짜 그건 나도 생각 못 해 봤는데.", "이 문제는 네가 정말 전문가구나!", "좋은 방법을 찾으면 엄마, 아빠한테도 알려 줘.", "이 방법은 함께 공공 기관에 건의해 보는 게 어떨까?"와 같이 작은 한마디가 아이들에게는 열정과 호기심을 지속할 수 있도록 하는 큰 힘이 됩니다.

문제를 찾아낼 수 있는 능력, 비판적 사고는 아이의 삶에 '변화'를 가져옵니다. 하나의 예를 들어 설명하면, '왜 이렇게 일회용품을 많이 사용할까?'와 같은 생각이 들어서 일단 이 문제가 '거슬리는' 순간(문제를 포착) 아이의 머릿속에서는 비판적 사고가 시작됩니다. '사람들은 일회용품을 얼마나 사용하고 있지?', '왜 이렇게 많이 사용할까?', '줄이는 방법에는 무엇이 있을까?'와 같은 질문이 꼬리에 꼬리를 무는 사이 아이의 행동과 태도에서는 변화가 생깁니다. 앞서 머릿속에만 존재하고 실제로 활용하지 않는 지식은 죽은 지식이라고 했는데 이렇게 삶과 태도에 변화를 가져올 수 있는 지식과 능력이야말로 살아 있는 것입니다. 그리고 이것이 바로 진정한 학습이고 교육이지요.

☑ 정보와 편견 확인하기

비판적 사고 능력이 부족한 우리 아이들의 웃지 못할 상부상조의 현장을 하나 소개하겠습니다. 인터넷 포털 사이트에 들어가서, 아이들이 학교에서 받은 숙제로 키워드 검색을 한번 해 보세요. '5학년 식물 기르는 방법', '6학년 설명하는 글쓰기 소재' 이런 식으로 말이지요. 글을 클릭해 보면 눈물겨운 '랜선 우정'이 펼쳐집니다. 서로의 추측과 틀린 정보를 공유하고, 또 퍼 나릅니다. 의심할 필요조차 느끼지 못하는 것이 우리 아이들의 현실입니다. 그런데 과연 아이들만의 현상일까요? 어른들 역시 마찬가지입니다. 심지어는 논문에서까지도 이런 웃지 못할 일이 벌어지기도 합니다. 어떤 사람이 논문에 어떤 사실을 이야기했는데 그 사실을 다른 논문으로 옮기다 약간의 오류가 생깁니다. 그리고 그 논문을 본 사람이 자신의 논문에 가져다 쓰면서 또 달라지게 되지요. 이렇게 10번만 거치면 완전히 다른 내용이 나오기도 합니다.

이런 경우는 비일비재합니다. 모르는 문제에 대한 정보를 찾을 때 아무 정보나 가져다 쓰기 때문에 생기는 일입니다. 알고 싶은 문제가 있으면 문제를 조사하고 해결하기 위해서 정보를 찾게 됩니다. 이때 중요한 것은 찾은 정보가 사실인지 의심하고 확인해 보는 것입니다. 다음 장에서 다룰 미디어 리터러시에서도 다시 이야기하겠지만, 요즘처럼 아무나 인터넷에 정보를 마구 올려놓을 수 있는 시대에는 모든 정보를 그대로 믿어서는 안 됩니다. 책만 있을 때는 그래도 비교적 신뢰성 있는 정보나 지식을 얻을 수 있었는데 지금은 그렇지 않습니다. 그러므로 우리가 보고 있는 정보가 맞는지 확인하기 위해서는 '누가 이야기하는 정보인가?', '무엇을 알려 주고 있는가?', '왜 그렇게 이야기하는가?', '이것이 사실인가?' 등 여러 질문을 던져 보아야 합니다. 게다가 앞에서 '세상에 완전히 객관적인 정보는 없다.'라는 이야기를 했습니다. 모든 정보는 그것을 만들어 낸 사람의 가치관이나 편견이 담기기 때문이지요. 그래서 정보가 맞는지도 확인을 해야 하지만, 더 나아가 그 정보가 정말 편견이 없는 객관적인 사실인지도 판단할 수 있는 사고 능력이 필요합니다. 누군가의 편견이 가득 담긴 정보와 지식을 계속 접하게 되면 결국 아이도 세상과 사회에 대해 편견을 갖게 되니까요.

비판적 사고 과정을 통해서 아이는 옳은 답에 한 걸음 더 나아갈 수 있습니다. 아이가 최소한 정보를 누가 이야기하고 있는지 정도는 확인을 해 보는 습관을 가질 수 있도록 도와주세요. 그저 지나가는 말처럼 "왜 그걸 사실이라고 믿는 거지?", "확신할 수 있어?" 정도의 질문만 던져도 아이가 "어? 그게 아닌가?" 하게 될 겁니다. 거기서부터 옳은 답을 찾아가도록 도와주면 됩니다.

☑ 내 자신이 맞는지 확인하기

비판적 사고에서는 정보에 대해서 편견이 있는지 판단하고 걸러 낼 줄 아는 능력이 필요하다고 했습니다. 여기서 편견은 남들이 갖고 있는 편견뿐만이 아닙니다. 나의 편견도 포함됩니다. 비판적 사고를 기르기 위해서 나의 결론이 합리적인지, 더 나은 답이 있지는 않은지 되돌아보는 시간을 가져 봐야 합니다. 나만 옳다고 주장하는 아집이나 다른 의견을 무비판적으로 믿는 맹신, 모두 위험합니다. 그 사이에서의 현명한 균형감이 필요합니다. 어쩌면 다른 사람을 비판적으로 보는 것보다 나 자신을 비판적으로 바라보는 것이 더 어려울지도 모릅니다. '나 역시 틀릴 수 있다.'라는 겸손한 자세를 가지는 것이 필요합니다. 밖의 문제를 볼 수 있는 것과 마찬가지로 내 안의 문제도 객관적으로 볼 수 있는 능력이 있어야 진정한 비판적 사고의 완성이라고 할 수 있겠지요.

비판적 사고는 열린 사고, 다른 시각으로 문제를 볼 수 있는 사고입니다. 우리 아이에게 비판적 사고를 가르치기 위해 가장 중요한 것은 부모가 비판적 사고의 좋은 모범을 보여야 합니다. 우선 부모가 스스로 그러한 사람이 되고 그런 모습을 직접 보여 주어야 합니다. 엄마, 아빠는 모든 것을 알고 있는 사람이 아니라, 우리에게 최선을 다하지만 모르는 것은 함께 탐구할 수 있는 어른이 되어야 합니다. 또한 틀렸을 때에는 그것이 어떠한 지식이든, 의견이든, 자녀에게 한 말이든 잘못을 인정할 수 있어야 합니다. 때로는 고집을 꺾고 사과할 수도 있어야 합니다. 부모처럼 아이에게 큰 영향력을 미치는 어른이 틀렸음을 인정하고 의견을 바꾸는 것을 보여 주는 것만으로도 아이에게는 큰 가르침이 됩니다.

☑ 비판적 사고를 기르는 방법

이제 '비판적 사고'라는 고기를 잡으러 떠나 봅시다. 인간이 태어나면서 어느 정도 타고나는 능력도 있지만 교육에 의해 길러지는 능력도 있습니다. 비판적 사고 능력은 타고나는 능력이 아닙니다. 교육과 훈련에 의해서 길러지는 능력입니다. 전혀 비판적 사고를 해 볼 수 없는 환경, 교육, 여건에서 자랐다면 아마 비판적 사고 능력은 낮을 가능성이 높습니다. 예를 들어, 권위적이고 통제된 환경보다는 민주적이고 허용적인 분위기에서 자란 아이들이 비판적 사고에 더욱 능하겠지요. 비판적 사고를 기르기 위해서는 여러 단계의 훈련을 거쳐야 합니다. 천 리 길도 한 걸음부터라고 했습니다. 비판적 사고를 기르기 위해서 무엇을 해야 하는지 살펴보도록 하겠습니다.

1단계: 문제 찾아보기

주변에 늘 가까이 있는 것 중에서 무슨 문제점이 있을지 생각해 보는 단계입니다. 주변을 잘 살펴보면 아이와 함께 생각해 볼 문제가 아주 많이 발견됩니다. 아이의 눈높이에서 관심을 가질 만한 주제와 문제를 찾아보세요. 그리고 다음과 같은 질문을 해 보세요.

- 누가 무엇을 하고 있나?
- 이것의 이유가 무엇일까(왜 사람들이 이것을 하고 있을까/했을까?)
- 이것을 하면 어떤 결과가 나오게 될까?

  예) 왜 우리 동네의 거리에는 무단 횡단을 하는 사람들이 많을까?

2단계: 조사하기

문제(주제)에 대해 조사합니다. 문제 찾기에서 던진 질문에 대해 책이나 인터넷을 통해 다양한 정보를 찾아서 답을 찾습니다. 부모, 형제자매, 또래 친구들과 토론을 해 보면 좋습니다.

  예) 사람들이 무단 횡단을 하는 이유를 알아본다. 우리 동네의 횡단보도
     의 간격이나 보행자 신호의 초록불이 몇 초 정도 되는지 확인해 본다.

3단계: 결론 내리기

조사한 내용을 바탕으로 결론을 냅니다. 이것이 왜 문제이며, 이 문제는 어떻게 해결해야 하는지에 대한 답을 찾습니다. 내린 결론에 대해서 명확하게 이유를 설명할 수 있어야 합니다.

  예) 횡단보도의 설치 간격을 줄여 사람들이 편리하도록 만들자.

4단계: 반성하기

내가 낸 결론이 합리적인지 성찰합니다. 이것이 객관적인지, 다른 의견에 대해서도 생각해 봅니다.

  예) 횡단보도를 너무 많이 설치하면 차로 이동하는 사람들이 불편해하지
     는 않을까? 무단 횡단을 줄이는 방법이 이것 이외에는 또 없을까?

비판적 사고 능력을 키우기 위해 여기서 말한 모든 4단계를 항상 거칠 필요는 없습니다. 4단계의 일부분만 할 수 있어도 좋습니다. 예를 들어, 왜 횡단보도의 옐로 카펫은 '노란색'일까, 레드 카펫이나 그린 카펫은 안 되는 것일까 하고 궁금해할 수 있지요. 노란색이 명시성이 뛰어나 가장 눈에 띄기 쉽다는 정답까지 찾지 못해도 괜찮습니다. 그저 아이가 늘상 지나쳐 가던 생활 속에서 호기심을 가지고 바라보았다는 것만으로도 비판적 사고가 자라고 있는 것입니다. 우리 어른들도 매일 일상에서 그다지 문제의식을 갖지 않고 대부분 그냥 넘어가는 경우가 비일비재하잖아요. 방법은 후에 떠올릴 수도 있고, 결론은 아이가 성장해서 찾아낼 수도 있습니다. 그렇게 찾아낸 결론이 세상을 바꿀 만한 생각이 될 수도 있습니다. 비판적 사고 훈련의 예시를 좀 더 살펴보도록 하겠습니다.

☑ 비판적 사고 강화 활동 1: 사실과 의견 구분하기

'객관적으로 검증이 가능한' 사실과 '사람의 생각에 따라 달라질 수 있는' 의견을 구분해서 듣는 것은 매우 중요합니다. 다음 문장에서 사실과 의견을 구분해 봅시다.

1. 우리 아빠는 세계 최고로 멋진 아빠이다.
2. 우리 엄마는 요리를 잘한다.
3. 한글이 세계에서 가장 과학적인 글자 체계이다.
4. 임진왜란은 1592년에 발생했다.

　(1,2,3번 의견, 4번 사실)

☑ 비판적 사고 강화 활동 2: 정보와 광고 구분하기

이번엔 레벨을 좀 높여 볼까요? 아이가 초등학교 고학년이라면 뉴스를 활용해 봅시다. 매일 접하는 뉴스에도 광고가 교묘히 포함되어 있습니다. 뉴스는 사실을 객관적으로 전한다고 믿지만 그렇지 않을 때도 있습니다. 내 머릿속에 들어간 '정보 속 광고'가 나도 모르게 그 물건을 사게 하기도 합니다. 뉴스와 기사 속 광고를 찾아내는 활동을 통해 객관적인 정보와 광고를 구분해 봅시다.

다음 기사에서 어떤 부분이 정보이고 어떤 부분이 광고일까요? 광고가 어떻게 교묘히 정보와 합성되어 있나요? 왜 이런 식으로 기사를 썼을까요?

'자외선 차단' 얼굴에만 신경 쓰는 당신… 올여름엔 '몸'도 챙기자

여름 휴가철은 야외 활동이 늘어나는 시기여서 자외선 노출 차단이 필수이다. 파장이 긴 자외선 A는 피부 깊숙이 침투해 주름과 탄력 저하, 색소 침착의 원인이 된다. 파장이 짧은 자외선 B는 피부 표면에 닿아 화상이나 홍반, 피부암 등을 유발한다.

〈중략〉

피부과 전문의들에 따르면, 긴 옷으로 몸을 가리면 자외선을 차단할 수 있다고 생각하지만 옷감에 따라 그 효과는 제한적이다. 실제로 옷마다 자외선 차단 성능은 제각각이다. UPF라는 옷감의 자외선 차단 지수에 따라 자외선 차단 시간과 강도가 다르다. 주로 실외 활동을 할 때 착용하는 기능성 의류나 양산 등에 표시되어 있다. UV 프로텍션 웨어를 출시한 ○○○ 관계자는 "자외선 차단 기능이 있는 옷이라도 물에 젖거나, 오래 입고 자주 세탁하면 실이 늘어져 기능성이 떨어지는 단점이 있다"면서 "자외선이 강한 여름에는 저렴한 옷으로 자주 교체해 입는 게 좋고, 발수 기능이 더해진 제품을 사용하면 자외선 차단에 더 효과적"이라고 설명했다. UV 프로텍션 웨어는 자외선을 차단하고 반사 또는 흡수해 자외선 A와 B 모두를 90% 이상 차단한다. 〈2020. 07. 24. 경향신문 기사〉

정보	광고
− UPF라는 옷감의 자외선 차단 지수에 따라 자외선 차단 시간이 다르다. − 자외선은 화상이나 홍반, 피부암 등을 유발한다.	− UV 프로텍션 웨어는 자외선을 차단하고 반사 또는 흡수해 자외선 A와 B 모두를 90% 이상 차단한다.

그 외에도 비판적 사고 훈련을 해 볼 수 있는 활동은 무궁무진하게 많이 있습니다. 몇 가지 예시를 더 제시해 보겠습니다. 이런 활동을 자주 할 필요도 없고 생각날 때, 주변에 신문이나 매체가 있을 때, 주변에서 문제가 될 만한 것이 발견되었을 때 아이와 함께 생각을 나누어 보면 충분히 훌륭한 비판적 사고 교육이 될 수 있습니다.

1. 가짜 뉴스 찾기 게임: 엄마 아빠와 30분간 서로 더 많은 가짜 뉴스 찾고 이유 설명하기
2. 같은 사건을 다룬 여러 신문을 보고 뉴스 관점 비교하기
3. 신문이나 잡지를 보고 주변의 문제점 찾기
4. 직접 뉴스 만들어 보기
5. 같은 이야기를 두 가지 관점으로 말해 보기(예: 아기 돼지 삼형제 이야기를 늑대 관점에서 말해 보기, 신데렐라를 신데렐라 언니들 관점에서 이야기해 보기)

〈비판적 사고 훈련 팁〉

– 아이 스스로 문제를 찾을 수 있도록 유도하자.

– 문제에 대한 가정을 만들어 보라고 한다("만약에 ~ ~이렇게 해 보면?")

– 잠시 기다렸다가(적어도 1분 이상) 부모의 생각을 이야기해 준다.

– 아이의 생각에 너무 자주 간섭하지 말아야 한다.

– 아이의 생각에 관심을 표현한다.

– 열린 질문을 던져 주자.

– 세상을 다양한 시각으로 볼 수 있도록 도와주자.

– 한 가지의 답만 있는 것이 아닐 수 있으므로, 꼭 답을 찾을 필요는 없다. 비판적으로 생각하는 과정이 중요하다.

4장

미디어 홍수 속에서 방향 잡기, 미디어 리터러시

어떤 정보는 좀 틀렸다고 해서 그것이 인생에 큰 영향을 미치지 않습니다. 가령 오늘 비빔국수를 요리한다고 가정해 보겠습니다. 그런데 비빔국수 하는 방법을 모른다면 유튜브에서 '비빔국수 만드는 법'을 검색하여 눈에 끌리는 영상을 찾아 국수를 만들 수 있습니다. 하지만 비빔국수 만드는 정보가 정확해야 한다고 절실하게 생각을 하지는 않습니다. 비빔국수 한 번 망친다고 큰일이 생기는 건 아닐 테니까요. 그러나 아이가 좋아하는 유튜브 채널에서 '소금물로 코로나 19를 예방할 수 있다.'라는 정보가 유포된다면 얘기가 달라집니다. 잘못된 정보가 전염병처럼 번지는 상황에서 정보를 무비판적으로 수용하는 것은 나의 한 끼를 망치는 것을 넘어서 우리의 생명을 위협할 수도 있기 때문입니다. 이제는 책보다 유튜브, 인터넷 뉴스와 블로그 같은 미디어에서 훨씬 더 많은 정보를 얻고 있기에 이런 현상은 앞으로도 계속될 뿐 아니라 앞으로 더 가속화될 것입니다. 그러니 앞으로의 미래 시대를 살아갈 우리 아이에게 미디어를 비판적으로 수용하고 판단할 수 있는 능력이 중요해졌습니다. 아이들이 현명하게 미디어를 소비하고 생산하도록 교육해야 하며 궁극적으로 21세기형 인재로 길러야 합니다.

☑️ 미디어 리터러시란?

'미디어 리터러시'라는 말이 있습니다. 미디어 리터러시에서 리터러시는 우리말로 '문해력'이라고 해석이 되는데, 이는 읽고 쓰는 능력을 말하는 것입니다. 따라서 미디어 리터러시라는 것은 미디어를 읽고 쓸 수 있는 능력을 말하는 것이 됩니다. 글자뿐만 아니라 그림과 동영상, 소리로 되어 있는 미디어를 읽고 쓴다는 것이 이상하게 들릴 수도 있지만 21세기에는 정보나 지식이 글자로만 전달되는 것이 아니라 그림, 동영상, 소리로 전달되기 때문에 이것도 '문해력'이 필요합니다. 미디어 리터러시는 예전에는 없던 역량이고 과학과 기술이 발달하면서 새로이 생겨난 역량입니다. 쉽게 말해서 글자를 읽고 쓰고 이해할 수 있는 것처럼, 이미지나 동영상, 소리로 되어 있는 미디어를 제대로 이해하고 더 나아가 미디어 콘텐츠를 만들 수 있는 능력을 말합니다.

미디어 리터러시는 비판적 사고의 연장이라고 볼 수 있는데, 특히 미디어와 관련된 정보를 제대로 파악하는 능력입니다. 이미 많은 선진국에서 수업 시간에 강조하고 훈련시키는 주요 핵심 역량입니다. 우리나라 교육과정에도 당연히 포함되어 있습니다. 미디어 리터러시가 중요해진 건 그만큼 지식과 정보를 책이 아닌 다른 미디어를 통해서 얻는 경우가 많아졌기 때문입니다. 이미 많은 부모들이 자녀 교육에 대한 막대한 정보를 책보다는 유튜브나 인터넷 맘 카페, 블로그 등에서 얻고 있습니다. 우리는 요리 레시피를 찾을 때도 유튜브를 뒤져 보고, 그보다 훨씬 고차원적인 공부를 할 때도 유튜브 강의를 듣습니다.

인터넷과 미디어가 유용한 것은 부정할 수 없습니다. 그러나 이것들이 가져오는 엄청난 폐해 때문에 고민이 됩니다. 미디어나 인터넷만큼 극단적으로 장점과 단점이 뚜렷한 것은 드물다고 할 수 있습니다. 이제 우리 삶에서 인터넷이나 미디어를 완전히 배제할 수는 없습니다. 그러면 이제 남은 방법은 한 가지밖에 없습니다. 현명하게 잘 쓰는 것. 그러기 위해서는 아이가 미디어로 접하는 수많은 정보 중 자신에게 필요한 것을 찾고, 옳고 그름을 판단할 수 있는 능력을 갖추어야 합니다.

☑ 미디어 리터러시 역량 진단하기

미디어 리터러시는 비판적 사고의 일부분이기 때문에 비판적 사고와 마찬가지로 타고나는 것이 아닌 길러지는 역량입니다. 따라서 학교나 가정에서 특별히 신경 써서 가르쳐야 하는 부분입니다. 미디어 리터러시는 최근에 생긴 개념이기 때문에 아마 많은 부모님들에게도 생소한 개념일 수 있습니다. 이 기회에 아이와 함께 미디어 리터러시를 키우는 활동을 해 보면 어떨까요? 우선 아이와 함께 부모님의 미디어 리터러시 역량이 어느 정도인지 자가 진단을 해 보면 좋습니다. 부모가 스스로의 미디어 리터러시 역량을 확인하고 아이와 같이 가끔 미디어 리터러시 활동을 해 볼 수 있으면 아이에게도 큰 도움이 됩니다.

☑️ 미디어 리터러시 역량 자가 진단표

다음 자가 진단표를 활용하여 미디어 리터러시를 측정해 볼 수 있습니다.

항목	점수
새로운 기술이나 미디어에 관심이 있다.	
미디어 리터러시 개념을 이해한다.	
인터넷이나 유튜브 정보가 어떻게 유통되는지(알고리즘) 알고 있다.	
미디어 정보의 신뢰성이 걱정된다.	
정보의 신뢰성을 확인하기 위해 교차 확인을 해 본다.	
인터넷 도구에서 프라이빗 세팅을 할 수 있다.	
사진, 이미지, 동영상 등의 시각적 자료를 객관적/비판적으로 본다.	
문자 언어 이외의 미디어로 내 생각을 전달할 수 있다.	
미디어 리터러시가 중요하다고 생각한다.	
합계 (아주 그렇다: 5점; 전혀 그렇지 않다: 1점)	

자가 진단에서 30점 이상이라면 미디어 리터러시 역량이 높은 것으로 볼 수 있습니다. 그 이하라면 부모와 자녀가 함께 미디어 리터러시에 대해 좀 더 관심을 갖고 역량을 키워 나갈 필요가 있습니다.

☑️ 부모와 함께 만들어 나가는 미디어 리터러시

내가 낳고 기른 내 자식이니 모든 것을 알고 있다고 생각하면 착각입니다. 자라나는 내 아이의 관심사를 가끔이라도 염탐하는 것은 매우 중요합니다. 아이가 주로 보는 TV 프로그램, 게임, 유튜브 채널 등을 두루두루 모니터

해 보세요. '세대 차이'라는 장벽이 얼마나 날이 갈수록 높아지는지 느낄 것입니다. 영상에서 알아들을 수 없는 말의 비중이 해가 갈수록 증가할 것입니다. 눈살을 찌푸리게 하는 콘텐츠를 억지로 참고 봐야 할지도 모릅니다. 아이가 보는 미디어에 대해 이 정도까지 관심을 갖고 있다면 훨씬 그 세대의 '맥락 속의 언어'를 잘 이해할 수 있습니다. 그러면 함께 웃을 수 있습니다. 특정 단어가 차별적이고 혐오를 조장하는 표현이라면 이를 지도할 수도 있습니다. 아이들이 보는 개인 방송 채널이나 TV 프로그램을 알기 때문에 대화를 풀어 가기도 훨씬 편해집니다. 초등학교에서 교사들이 아이들이 즐겨 보는 콘텐츠를 염탐하는 이유이기도 합니다. 가정에서도 필요한 것이 바로 이런 부분입니다.

'내가 좋아하는 사람의 방송이니까'라는 생각에 특정 방송 진행자를 좋아해서 그 사람 말이라면 무조건 믿는 자녀와 어떻게 대화를 해야 할까요? 가끔은 부모의 말보다 유튜버의 말을 더 신봉하는 아이를 보면 속이 터지기도 합니다. 이럴 때 화를 내서는 문제를 해결할 수 없습니다. 정보를 올바르게 분별하고, 판단할 수 있는 미디어 리터러시의 근육을 발달시키는 수밖에 없습니다. 몇 가지 질문을 던져 주세요. 저 정보는 누가 만든 정보인지, 그 사람은 믿을 만한 사람인지, 저걸 그대로 믿으면 이익을 보는 건 누구인지, 비슷한 정보를 제공하는 다른 사람의 의견도 찾아보았는지 등의 질문을 하고 "관련된 정보를 다른 매체를 이용해서 함께 찾아볼까?" 하고 말하면 쉽고 자연스럽게 생활 속에서 아이의 미디어 리터러시를 키울 수 있게 됩니다. 미디어 리터러시의 시작은 대단한 사회 현상에 대해 탐구하는 것이 아닙니다. 부모와 자녀 간의 대화와 행동에서의 작은 습관을 바꾸는 것에서 출발하는 것입니다.

그러면 아이의 미디어 리터러시 향상을 위해서 부모는 무엇을 해야 할지 살펴봅시다.

- 미디어를 맹신하거나 무조건 불신하지 않는다.
- 비판적인 시각을 갖고 미디어를 바라보는 습관을 갖는다.
- 아이에게 사 주는 장난감이 고정된 성 역할, 왜곡된 문화를 심어 줄 수 있는지 살펴본다.
- 영화나 드라마에서 특정 문화가 어떤 방식으로 표현되고 있는지 살펴본다.
- 한 가지 사실에 대해 다양한 시각의 미디어를 찾아본다.

〈미디어 리터러시 활동 예시: 허위 과장 광고〉

아래 광고를 보고 다음 질문에 대해 생각해 봅시다.

- 무슨 광고일까?
- 무엇을 말하고 싶은가?
- 문제점은 무엇인가?
- 왜 이런 광고를 만들었을까?

뒤 차가 비칠만큼 반짝이는 구두 광고

햄버거가 너무 커서 입이 찢어진다?

가장 이상적인 영양 균형을 라면이 갖춘다?

앞서 언급한 이러한 지침을 가만히 생각해 보면, 우리 사회가 점점 추구하는 바와 닮아 있습니다. 즉, 다른 사람과 더불어 살아가는 사회, 다양성을 추구하는 사회, 평등한 사회인지를 묻고 있는 것입니다. 사회가 발달할수록, 그리고 다양화될수록 이러한 미디어 리터러시 역량을 요구하는 것입니다.

그러면 이번에는 부모와 아이가 함께 이야기를 나눠 보기 좋은 미디어 리터러시 활동을 알아보겠습니다. 미디어 리터러시 활동도 비판적 사고 활동과 마찬가지로 주변에서 쉽게 재료를 찾아서 해 볼 수 있습니다. 일단 어떤 활동이 미디어 리터러시와 관련이 있는지 알게 되면 주변에서 수많은 재미 있는 활동을 만들 수 있습니다. 매일 접하는 미디어에서 이런 활동을 일주일에 한 가지씩 아이와 함께 해 보세요. 흘러 들어오는 수많은 정보를 *스스로의 기준을 갖고 판단할 줄 아는* 현명한 아이로 변할 것입니다.

- 미디어 정보를 무조건 믿을 때 생길 수 있는 결과에 대해 이야기해 보기
- 조작된 사진 예시 찾아보기(예: 포토샵을 한 패션 잡지 모델)
- 거짓 기사나 이미지를 조작하는 이유에 대해 생각해 보기
- 사람들이 거짓 기사를 믿는 이유에 대해 생각해 보기
- 관심 있는 미디어 콘텐츠를 보고 왜, 누구의 시각으로, 어떤 사람들을 위해 만들어졌는지 생각해 보기
- 같은 콘텐츠를 서로 어떻게 다르게 보는지 시각 차이에 대해 대화하기
- 애니메이션에 나오는 캐릭터의 모습과 성격을 비판적으로 분석해 보기
- 유명한 회사 로고(나이키, 애플, 디즈니 등)를 본 후에 이에 대한 느낌을 생각해 보고 그런 느낌이 드는 이유 말하기
- 신문에 나오는 뉴스를 다르게 써 보기

〈미디어 리터러시 활동 에피소드: 아이와 대화하기〉

주말이 되어 유나와 아빠는 유나가 즐겨 보는 유튜브 방송을 함께 보기로 하였다. 유나가 자주 보는 먹방 유튜브를 아빠에게 보여 준다.

아빠: 지금 보는 방송은 어떤 방송이니?

유나: 즐겨 보는 먹방인데, 오늘은 라면 20개 먹기에 도전하고 있어요.

아빠: 20개? 놀랍네. 그런데 이 방송을 보는 건 무엇 때문일까?

유나: 재미있으니까요.

아빠: 맞아. 재미도 매우 중요하지. 그런데 먼저 생각해 보아야 할 것도 있을 것 같은데. 뭐가 있을까?

유나: 나한테 필요한 정보인지 생각해 봐야 할까요?

아빠: 그럼, 그뿐만 아니라 방송의 내용 중에 폭력적이거나, 스스로를 학대하는 내용은 없는지도 생각해 보는 게 좋을 것 같아. 우리가 라면 20개를 먹는다면 어떨까?

유나: 배부른 것을 넘어서 괴로울 것 같아요.

아빠: 맞아, 내가 직접 경험해 보기 힘든 것을 방송을 통해 보는 것은 유익할 수 있지. 그러나 그 내용이 지나치게 스스로를 괴롭히는 내용이라든가, 폭력적인 말이나 행동을 사용한다면 경계할 필요가 있단다. 이런 기준으로 생각해 보니 어떠니?

유나: 그렇게 생각해 보니 별로 좋지 못하다는 생각이 들어요.

아빠: 그렇다면 네가 가진 능력을 발휘해서 많은 사람들이 안심하고 편안하게 볼 수 있는 방송을 직접 만들어 보는 것은 어떨까?

유나: 와! 재미있을 것 같아요. 아빠가 도와주실 거죠?

아빠: 그럼!

☑️ 유튜브 활동 팁

바야흐로 개인 방송의 시대가 열렸습니다. 개인이 독립된 방송국으로서 저마다의 개성과 창의성을 뽐내다 보니, 기존의 매체에서 볼 수 없었던 재미를 얻기도 합니다. 그러나 즐겁고 유익한 것만 존재하는 것은 아니지요. 가학적, 폭력적이며 그릇된 인식을 심어 줄 수 있는 콘텐츠 역시 범람하고 있습니다. 라면 20개를 끓여 먹는 먹방, 영화관에 몰래 침입했던 경험담, 아이들이 화장하는 내용을 담은 키즈 유튜브 등 재미있는 콘텐츠가 넘치지만 과연 이런 영상들이 유익한지 따져 봐야 합니다. 다음의 질문을 하며 부모와 아이가 함께 판단해 보세요.

- 가학적, 폭력적인 장면이나 부적절한 언어 사용이 없는가?
- 나에게 즐거움을 주는가?
- 나에게 도움이 되는 유익한 정보인가?

가감 없이 내용을 그대로 받아들이는 아이와, 무조건 제지하려고만 했던 부모 사이의 대화 양상을 바꿔 보세요. 부드럽게 질문을 던지면서 아이가 직접 생각해 볼 수 있도록 기회를 주는 것입니다. "네가 무슨 크리에이터가 된다고 그러니?"라며 핀잔을 주기보다는 오히려 콘텐츠를 제작하는 경험을 쌓을 수 있도록 동기를 부여해 주는 것은 어떨까요? 아이들은 직접 콘텐츠를 제작해 보는 소중한 경험을 통해 모두가 즐길 수 있는 양질의 콘텐츠가 갖추어야 할 조건을 스스로 알 수 있게 된답니다.

〈미디어 리터러시 교육 팁〉

1. 부모가 먼저 미디어 리터러시에 관심을 갖는다. 부모가 모범이 되어야 한다.

2. TV, 잡지, 신문, 유튜브 등 우리 주변에서 흔히 볼 수 있는 다양한 매체를 활용한다.

3. 아이가 좋아하는 미디어에 관심을 갖고 함께 보는 시간을 갖는다.

4. 생활 속에서 자연스럽게 대화하는 시간을 갖는다.

5. 저학년도 충분히 할 수 있다. (미디어 기기를 빨리 접하게 해 주라는 의미는 아니다. 기기 없이 할 수 있는 활동들도 많다. 잡지나 신문의 사진 등을 이용해서 활동을 해 보자.)

6. 아이의 정신 연령에 맞는 자료를 선택해야 한다.

7. 미디어의 현명한 소비자뿐 아니라 창의적인 생산자가 될 수 있어야 한다. 초등학교 고학년이라면 간단한 미디어를 직접 만들어 보면서 자신이 말하고 싶은 것을 미디어로 전달하는 방법을 배워 본다.

5장

미래 핵심 역량의 꽃, 창의성

'창의성' 하면 어떤 인물이 떠오르나요? 모차르트, 피카소와 같은 예술가? 훈민정음을 창제한 세종대왕? 아니면 상대성 이론을 고안한 아인슈타인? 흔히들 창의성이 천재나 위인들만의 전유물이라고 생각하지만 절대 그렇지 않습니다. 창의성은 우리 모두가 다 갖고 있는 인간 고유의 능력입니다. 창의성이 타고나는 능력인지 아니면 후천적으로 길러지는 능력인지에 대해서 궁금해하는 부모들이 많습니다. 대부분 창의성은 타고나는 능력이라 생각합니다. 비판적 사고나 미디어 리터러시는 타고나는 능력이 아니라 완전히 학습을 통하여 길러지는 능력인 데 비해서 창의성은 어느 정도 타고나는 부분이 있습니다. 그러나 길러지는 부분도 아주 큽니다. 심지어 타고난 창의성도 제대로 가꾸고 키워 주지 않으면 소실됩니다. 그래서 창의성 또한 주변 환경과 교사, 부모의 양육 태도에 따라 사라지기도 하고 커지기도 합니다.

이번 장 제목을 '미래 핵심 역량의 꽃'이라고 했는데 창의성은 미래의 사회에서 가장 중요한 역량입니다. 인공 지능의 발전으로 우리 사회는 상상 이상으로 변하고 있습니다. 미래 세상에 대한 많은 예측들이 있지만, 인공 지능이나 기계, 로봇이 인간의 수많은 일자리를 대신할 거라는 의견이 지배적입니다. 인공 지능이 인간의 일을 대신 하게 되는 시대가 바야흐로 다가오고 있는데 그럼 미래에는 어떤 직종이나 일이 각광을 받게 될까요? 그건 바로 인간의 창의성과 관련된 일일 겁니다. 미래 시대를 준비하기 위해서 이미 OECD를 비롯한 많은 기관에서 창의성을 강조했고, 우리의 교육 역시 지난 10여 년간 창의성을 핵심 역량으로 여겨 왔습니다. 하지만 우리 아이들이 더 창의적인 아이로 자라고 있나요? 여전히 불만족스럽습니다. 게다가 코로나 19로 학교도 가지 못하고 활동도 줄어든 이런 시기에 창의성에 관심을 쏟기는 더욱 어렵습니다. 이번 장에서는 창의성의 개념과 가정에서 아이의 창의성을 기를 수 있는 방법에 대해서 자세히 알아보도록 하겠습니다.

☑ 창의성이란?

창의성이란 말은 일상에서도 워낙 자주 쓰이기 때문에 대부분의 부모님이 어느 정도 이에 대한 개념은 있습니다. 그런데 창의성이 뭔지 좀 더 쪼개서 들여다보면 이를 교육하기가 훨씬 쉽습니다. 창의성은 한마디로 말한다면 '새로운 것을 생각해 내는 것' 정도로 정의할 수 있습니다. 그런데 창의성도 한 가지의 능력이 아니기 때문에 쪼개서 보면 종류가 다양합니다. 완전히 새로운 생각을 하는 것일 수도 있고, 원래 있던 문제를 다른 관점에서 보는 것도 될 수 있습니다. 하늘 아래 완전히 새로운 생각이나 물건을 만들어 내는 창의성은 드물고, 이미 존재하던 것들을 새로운 조합이나 새로운 용도로 사용하게끔 하는 창의성이 더 흔합니다. 우리 주변만 살펴봐도 쉽게 공감할 수 있습니다. 이미 있는 것을 '창의적으로' 연결 지은 사람이 성공하는 시대입니다. 카메라와 핸드폰의 결합, 스마트폰과 배달 서비스의 결합 등 이런 모든 것들이 기존에 존재했던 것을 새로운 시각으로 바라보고 새로운 방법을 생각해 낸 창의적인 것입니다.

부모님들이 이 글을 읽으면서 스스로는 창의적인 인물과 거리가 멀다고 생각할 수도 있습니다. 하지만 정도의 차이는 있으나 누구나 창의성은 갖고 있습니다. 부모님도 스스로 창의적인 사람이 되도록 더 노력해 보세요. 부모나 교사가 창의적이면 아이들의 창의성 발달에 확실히 더 도움이 됩니다. 창의성은 우리의 일상 구석구석에 스며들어 특별한 힘을 발휘합니다. 집 인테리어를 어떻게 할지, 이번 주말 가족 나들이 계획은 어떻게 짜 볼지 등 정말 다양합니다. 평소에 하던 일을 아이와 함께 다른 방식으로 좀 더 창의적으로 재미있게 한다고 생각해 보세요.

☑ 창의성을 길러 주는 부모

앞에서 강조했다시피 창의성은 환경 안에서 길러지는 부분도 매우 큽니다. 부모의 양육 태도가 아이의 창의성 발달에 지대한 영향을 미친다는 말입니다. '우리 아이는 창의성이 없어요.'라는 말은 곧 '우리는 아이가 창의성을 기를 수 있는 환경을 만들어 주지 않았어요.'와 다름이 없습니다. 창의성을 키우기 위해서 창의성 학원에 보내라든지 창의 수학 문제를 풀게 하라는 얘기가 아닙니다. 창의성을 기를 수 있는 집의 분위기를 만들어 주는 것이 더 중요합니다. 아이의 생각을 존중하고, 아이가 스스로 창의적인 생각을 할 수 있도록 기회를 줘야 합니다. 그래서 많은 창의성 학자들은 권위적인 부모보다는 민주적인 부모 아래서 자란 아이들이 더 창의적이라고 말합니다. 아이가 엉뚱한 말을 해도 귀담아 주고 왜 그렇게 생각하는지 신기해하며 반응을 보이고 아이가 호기심을 잃지 않도록 해 주어야 합니다. 무슨 그런 생각이 있냐고 핀잔을 주거나 이상하다는 반응을 보이는 것은 아이의 창의성을 죽이는 지름길입니다.

그러면 창의적인 사람이란 어떤 사람일까요? 창의적인 사람을 한마디로 요약할 수는 없습니다. 여러 유형의 창의적인 사람이 있고, 사람들마다 특징도 다릅니다. 창의적인 사람들을 살펴보면 대체로 다음과 같은 특징을 가지고 있습니다.

- 상상력이 풍부하다.
- 호기심이 많다.
- 도전 정신이 높다.
- 자신감이 있다.
- 실패를 두려워하지 않는다.
- 자신의 열정과 관심을 따라간다.
- 다른 관점으로 사고한다.
- 비판적 사고를 한다.

상상력, 호기심, 열정과 관심이 많다는 것은 창의성과 충분히 연결될 만한 내용입니다. 그런데 도전 정신, 실패를 두려워하지 않는 정신과 같이 좀 예외적인 것들도 있습니다. 창의적인 아이로 키우려면 아이가 자신의 호기심, 열정, 관심에 따라 도전 정신을 가질 수 있게 해 주어야 합니다. 실패를 두려워하지 않으면서 새로운 것을 시도해 볼 수 있는 기회를 주어야 하는 것입니다. 그런데 말처럼 쉽지는 않습니다. 당장 성적과 관련 없는 이런 것들은 항상 우선순위에서 밀리게 마련입니다. 아이가 호기심이 많은 건 알겠는데, 그 호기심 때문에 공부를 열심히 하지 않는다면 부모 입장에서는 아이의 관심, 열정, 호기심을 지지하기가 어렵습니다.

또한, 대부분의 부모들은 아이가 실패하는 경험을 미리 차단하려 합니다. 아이가 실패하는 것은 어떤 부모도 보고 싶지 않습니다. 그러나 실패의 경험은 매우 중요합니다. 창의적인 아이디어를 행동으로 실행하여 성공한 사람들을 보세요. 그들의 성공은 수많은 실패 끝에 이뤄진 것입니다. 실패하면서 배우고, 발전하는 기회를 가져야 합니다. 아이에게서 실패할 수 있는 권리를 빼앗는 것은 배울 수 있는 권리를 빼앗는 것과 같습니다. 여기까지가 부모와 교사의 노력이고, 그 이후 재능을 어떻게 사용하는지는 아이의 몫입니다. 우리 아이의 창의성은 다음과 같이 지도해 주세요.

- 아이의 생각을 잘 들어주고 존중한다.
- 아이의 호기심과 흥미대로 무엇인가를 해 볼 수 있는 시간을 할애한다.
- 오감을 다양하게 활용해 볼 수 있는 기회를 준다. 보고, 듣고, 읽고, 만지고, 만드는 다양한 활동을 할 수 있게 한다.
- 문학, 예술, 과학, 경영 등 다양한 분야를 접하게 해 준다.

－독서를 많이 하게 한다.

－다양한 재료(종이, 찰흙, 사진, 나무, 물, 그림자 등)를 가지고 놀게 한다.

－한 가지 시각이나 사고에 묶여 있지 않고 다양한 사고, 관점을 가질 수 있도록 한다.

－아이에게 너무 간섭하지 말고 어느 정도 자유를 준다.

창의적 활동에서는 결과보다 과정을 중시해 주세요. 창의성은 결과물이 아니라 과정에서 발달하는 능력이거든요. 창의적인 결과물이 나오기 위해서는 창의적인 과정이 필요한 법입니다. 그리고 아이들이 상상한 대로 무언가를 만들어 내는 경우는 별로 없습니다. 그래도 괜찮습니다. 꼭 끝까지 결과물을 만들어 낼 필요도 없습니다. 창의적인 상상을 하고 이를 실행에 옮겨 보는 과정을 해 봤다는 것으로도 창의성 발달에 충분히 도움이 됩니다. 창의성 발달을 위해서는 비판보다는 칭찬을 많이 해 주세요. 아이도 자신이 상상하고 실행해 보는 것에 자신이 없을지도 모릅니다. 이 상태의 아이에게 찬물을 끼얹어서는 안 됩니다. 칭찬을 할 때는 결과물뿐 아니라 신선한 생각과 실행하는 과정에 칭찬을 해 주세요. 부모에게는 황당무계한 상상 속 이야기처럼 들릴지라도 관심 있게 들어주세요. 창의성의 기본은 자신을 마음껏 표현하는 것입니다.

☑ 창의성을 키우는 질문

창의성을 키우기 위해서는 부모의 태도나 가정의 양육 방법이 중요하다고 했습니다. 그리고 창의적인 부모가 창의적인 아이를 키울 수 있다고도 했습니다. 창의적인 부모라고 해서 피카소나 모차르트와 같이 하라는 것은 아닙니다. 창의성 발달을 위해 부모가 가장 쉽게 할 수 있는 것은 창의적인 질문을 해 주는 것입니다. 창의성을 자극하기 위한 좋은 질문이란 어떤 걸까요? 아래의 표를 보면 쉽게 이해할 수 있습니다. 그냥 단순히 답이 나오는 왼쪽 질문보다는 아이가 생각과 상상을 할 수 있는, 다른 관점으로 생각해 볼 수 있는 질문을 해 주는 것입니다. 닫혀 있는 질문보다는 '열려 있는 질문'이 좋습니다.

일반적인 질문	창의성을 자극하는 질문
– 이것은 무슨 색깔이지? – 코끼리의 이 부분을 뭐라고 부르지? – 아기 돼지 삼형제가 늑대를 어떻게 물리쳤지? – 비옷은 무슨 재질로 만들어졌을까? – 이 공룡의 이름이 뭐지? – 페이퍼 클립의 용도는 뭐지?	– 이 색을 보면 어떤 느낌이 드니? – 만일 우리가 코끼리 코를 갖고 있다면 어땠을까? – 늑대가 정말 나쁜 동물일까? – 비옷을 종이로 만든다면 어떻게 만들어야 할까? – 공룡이 지금도 살아 있다면 어떨까? – 종이를 묶는 용도 이외에 페이퍼 클립의 용도는 무엇일까?

또한, 상상력을 키워 주는 질문을 해 주세요. 현실적으로 불가능한 것에 대해 가정을 하고 '~라면 어떨까?'를 생각해 볼 수 있는 질문을 해 보세요. '자전거 바퀴가 네모라면?', '내가 바닷속에서 산다면?'과 같은 질문을 해서 상상력을 자극해 보세요. 우리는 이런 질문을 '만약 ~라면 어떨까' 질문이라 부릅니다. 너무 어처구니없는 생각으로 보이지만 이러한 상상력을 자극하는 질문이 창의성 사고 발달에서 가장 기본적이고 효과적인 교육 방법입

니다. 이런 어처구니없는 상상에서 세상을 바꾸는 생각이 탄생하고 세상에 없던 새로운 제품이 나오는 것입니다.

완전히 새로운 생각일 필요는 없습니다. 이미 알고 있는 것을 다르게 볼 수 있는 질문도 좋습니다. 일명 '다르게 보기' 질문을 해 보세요. 〈아기 돼지 삼형제〉에서 아기 돼지 삼형제만 착하고 늑대는 나쁘다고 생각했지만 과연 그럴까요? 왜 늑대가 나쁜 것일까요? 늑대의 관점에서 보면 늑대는 그냥 먹이 활동을 할 뿐입니다. 아기 돼지 삼형제를 늑대의 관점에서 새롭게 쓴 책도 있는데 그 책을 보면 늑대에게도 나름대로 이유가 다 있답니다. 이게 바로 늘상 그러려니 하던 이야기를 다른 관점에서 보는 것입니다. 우리 주변에 있는 물건을 다르게 보는 것도 방법이 됩니다. 예를 들어, 우리가 사용하는 클립을 원래 용도 이외에 어떻게 사용할 수 있을지 생각해 보세요. 정해져 있다고 생각해 왔던 많은 것들을 비틀어서 다른 관점에서 보는 훈련을 하면서 창의성을 키워 주세요. 이렇게 다르게 보기는 비판적 사고뿐 아니라 창의성을 발달시키는 데도 꼭 필요한 훈련입니다. 창의성과 비판적 사고는 서로 연결되어 있답니다.

아이들이 생각을 할 때 다양한 감각을 사용하도록 도와주세요. 아이들의 공부는 대부분 글자로 이루어지고 있습니다. 그러나 다섯 가지 감각을 고루 사용하는 것이 창의성을 발달시킵니다. 특히, 유아나 초등 시기는 아이의 뇌가 열심히 발달하고 있는 중요한 시기라서 시각, 청각, 촉각을 두루두루 쓰면 뇌 발달에도 도움이 됩니다. 그러면 감각을 서로 섞어 보는 것은 어떨까요? 두 가지 이상의 감각이 섞인 질문으로 아이의 감각과 상상력을 깨워 주세요. "이 색에서 어떤 소리가 들리니?", "이 음악을 들으면 어떤 그림이 떠오르니?", "무지개를 만지면 어떤 느낌일까?"와 같은 질문들로 아이의 창의성을 자극해 주세요. 학습에서 가장 중요한 것은 알고 싶은 호기심이고 부모가 할 일은 아이의 호기심을 자극해서 잠재력을 이끌어 내는 것입니다. 생각날 때마다 여러 질문을 해 보세요. 아이에게 굉장한 자극이 될 것입니다.

많은 부모들이 창의성은 타고나는 것이라 그냥 아무 것도 하지 않아도 창의적인 아이들은 창의성을 발휘할 거라고 생각합니다. 하지만 창의성은 아무것도 없는 상태에서 갑자기 나타나지 않습니다. 외부에서 전혀 자극이 없고 창의성을 발휘할 기회가 주어지지 않는 데서 아이의 창의성이 갑자기 나타나기는 어렵습니다. 갑자기 터져 나온 것 같은 창의성도 그렇게 되기까지 많은 노력이 있었던 것입니다. 창의성 얘기를 하면 단골처럼 등장하는 사람이 있는데 뉴턴입니다. 뉴턴이 어느 날 사과가 떨어지는 것을 보고 만유인력의 법칙을 갑자기 난데없이 생각하게 된 게 절대 아닙니다. 뉴턴은 당대 최고의 수학자이고 물리학자였습니다. 그야말로 공부 빼고는 인생에서 재미있는 게 없을 정도로 공부만 하던 학자였지요. 그러한 지식이 바탕이 되어서 그의 위대한 창의성이 발현을 하게 된 것입니다.

결국, 창의성이 아무것도 하지 않는데도 혜성처럼 나타나지는 않는다는 것입니다. 많은 노력과 공부 속에서 창의성은 발현됩니다. 다양한 경험을 통해 아이를 자극해 주세요. 일상과 다른 풍경을 자주 만날 수 있도록 하고, 다양한 사람들을 만나고, 세상의 많은 일을 주제로 대화를 나누세요. 그리고 거기에서 나오는 아이의 자유로운 표현을 존중해 주세요. 독서 역시 최고의 재료 중 하나입니다. 책을 통한 지식, 간접적인 경험은 창의성의 좋은 밑거름이 됩니다. 많이 아는 만큼 생각이 더 앞서갑니다. 좋아하는 분야의 책 읽기, 책 읽으면서 장면 상상해 보기, 책을 읽고 아이와 창의적인 질문으로 이야기 나누기 등 모두 좋습니다.

놀 때에도 창의적인 활동을 할 수 있도록 옆에서 슬쩍 유도해 보세요. 다른 사람의 창의적인 세상(책, 영화, 게임) 속에서 노는 것도 좋지만 내가 나만의 창의적인 세상을 만드는 것도 좋겠지요. 블록으로 새로운 것을 만들어 보고, 스스로 짧은 동화책을 만들어 보는 우리 일상의 작은 행동들이 실은 창의성의 열쇠입니다. 이제는 코딩도 많이 배우는데, 아동용 코딩으로 간단한 게임을 만들어 본 아이들은 기성 게임을 하는 것보다 나의 창의성을 발휘하는 시간이 더 짜릿하다는 것을 안다고 합니다. 하기에 따라, 보기에 따라 주변의 그 모든 것이 창의성의 발로가 될 수 있습니다.

6장

함께 사는 삶의 도구, 의사소통 능력

성공하는 사람들의 특징 중 하나는 의사소통 능력이 뛰어나다는 것입니다. 다른 사람의 이야기를 잘 듣고, 나의 생각을 효과적으로 전달하는 것은 시대를 막론하고 사람 관계에서 중요했으며, 갈수록 복잡해지는 미래 사회에서는 더 중요해질 것입니다. 우리 생활을 보면 너무나 다양한 방법으로 의사소통을 하고 있습니다. 사람들끼리 모여서 말하는 방식의 의사소통은 벌써 예전에 지나갔습니다. 우리는 TV를 통해서 사람들의 의견을 듣고, 인터넷에서 소통을 합니다. 친구들과 SNS로 이야기를 주고받고 내 생각을 영상으로 촬영해 유튜브에 올리기도 합니다. 의사소통을 하고 있는 방식을 보면 과거에 비해 상상할 수 없을 정도로 다양해졌다는 것을 알 수 있습니다. 예전에는 의사소통을 위해서 그저 잘 듣고 말만 잘해도 되었는데, 앞으로는 어떻게 하는 것이 의사소통을 잘하는 것일까요?

☑️ 효과적인 의사소통의 열쇠는 '문해력'

원활한 의사소통을 위해서는 그저 잘 듣고 말을 잘하는 것뿐 아니라 글을 잘 이해하는 능력이 필요합니다. 이런 능력을 '문해력'이라고 부릅니다. 앞서 미디어 리터러시 때 나왔던 말이지요. 리터러시가 문해력이라고 했습니다. 예전에 문해력(리터러시; literacy)은 '글자를 읽고 쓸 수 있는 능력'을 의미했습니다. 즉, 까막눈을 면하면 문해력이 있는 거였어요. 하지만 이제는 글을 못 읽는 사람은 거의 없습니다. 그런데 이것이 왜 중요하다고 하는 것일까요? 21세기 사회에서는 '글을 읽고 쓰는 것'이라는 말의 범위가 넓어졌기 때문입니다. 미디어 문해력, 컴퓨터 문해력, 통계 문해력, 인포메이션 문해력, 디지털 문해력 등 몇 가지만 나열해도 벌써 이 정도로 다양해진 것입니다. 이런 단어에서 짐작할 수 있는 것처럼 21세기는 다양한 분야에서의 문해력을 요구하는 시대가 되었습니다.

이렇듯 21세기의 문해력은 많은 것을 포함하고 있습니다. 단순히 글을 읽고 쓰는 것은 물론이며, 읽은 글의 '숨은 의미'까지 찾을 수 있어야 합니다. 동화책을 읽었지만 단순히 줄거리만 기억하고, 이 책을 통해 글쓴이가 전하고자 하는 바를 전혀 헤아리지 못한다면 이건 문해력이 떨어지는 겁니다. 책뿐만이 아닙니다. 디지털 시대에 쏟아지는 정보를 잘 이해하고 필요한 정보를 선택할 수 있어야 합니다. 이것도 문해력의 일종입니다. 그리고 남의 글, 다른 사람의 말만 잘 이해한다고 문해력이 뛰어나다고 할 수 있을까요? 그렇지 않습니다. 문해력은 쌍방향입니다. 이해하기만 하는 것이 아니라 다양한 방법으로 내 생각을 표현하여 다른 사람에게 전달할 수 있어야 합니다. 즉, 21세기의 문해력은 다른 사람의 말, 글, 미디어를 이해하고 내 생각을 말, 글, 미디어로 표현할 수 있는 능력이라고 할 수 있겠습니다.

☑ 문해력을 기르는 방법

아이의 문해력을 키워 주기 위해서는 우선 기본으로 돌아가야 합니다. 그 방법은 멀리 있지 않습니다. 집에서는 좋은 대화 습관을 기르고, 다양한 분야의 책을 폭넓게 읽고, 다양한 글을 써 보는 것이 제일 좋은 방법이거든요. 아이의 읽기 연습으로는 독서만 한 것이 없습니다. 뭐니 뭐니 해도 독서는 시대를 막론하고 항상 중요한 '학습법의 클래식'입니다. 어휘를 추측하는 힘을 키우고, 이야기의 내용을 파악하며, 삶에 교훈을 주는 책의 중요성은 아무리 강조해도 지나치지 않을 것입니다. 아이의 흥미를 고려하되 다양한 분야의 책을 고루 읽게 하는 것이 좋습니다. 아이들은 독서도 음식처럼 편식을 하곤 하는데, 우선 아이가 읽고 싶어 하는 책을 읽도록 해 주는 것이 좋습니다. 가장 중요한 것은 책을 읽는다는 그 자체, 그리고 책을 좋아하는 마음이거든요. 그러나 점차 다양한 책을 읽으며 다양한 분야의 문해력이 고루 발달할 수 있도록 도와주는 것은 필요합니다.

책은 너무 쉽지도 않고, 너무 어렵지도 않은 '적당히 도전해 볼 만한' 수준으로 골라야 합니다. 책이 너무 쉬우면 내용을 파악하고, 추측하는 사고 활동이 잘 일어나지 않고 유치하게 느껴집니다. 반대로 너무 어려우면 아이들은 지레 포기합니다. 아이의 머리를 반짝반짝 깨워 주는 적당한 난이도의 책을 아이와 함께 골라 보세요. 만일 아이가 책 읽기를 어려워하거나 너무 자신감이 없다면, 수준을 좀 낮추어 보세요. 내용은 재미있되, 언어의 수준은 좀 낮은 책부터 시작하는 것이 아이의 읽기 발달에 도움이 될 수도 있습니다. 그리고 책을 다 읽은 다음에는 이에 대한 느낌을 함께 나누는 의사소통 과정을 생활화해야 합니다. 꼭 독서 감상문을 쓸 필요는 없어요. 말로 나누어도 좋고, 서로 질문을 해도 좋습니다. 짧은 글, 그림, 몸짓 모두 좋아요.

독서 감상문을 강요해서 책이 싫어지는 일은 없어야 하겠습니다. 그리고 글로 읽었던 것을 말로 해 보거나 그림이나 몸짓과 같은 다른 매체로 표현해 보는 것은 창의성 발달에 아주 도움이 됩니다.

진정한 문해력의 발달을 위해서는 쓰기를 빼놓을 수가 없습니다. 쓰기는 자신의 생각을 표현하는 방법이자, 서로 소통하는 도구가 되기에 의사소통에서 필수입니다. 하지만 안타깝게도 글쓰기는 말하기나 읽기에 비해 더 어렵고 훈련이 필요합니다. 글쓰기는 많이 써 본 사람을 이길 수 없습니다. 그래서 자기 생각을 글로 잘 표현하기 위해서는 책도 많이 읽고 글쓰기 연습을 꾸준히 해야 합니다. 아이들이 글쓰기를 시작할 수 있는 가장 좋은 방법은 일기입니다. 다양하고 이색적인 주제로 일기를 쓰면서 쓰기에 대한 흥미를 키워 주세요. 요일, 날씨, 그날 있었던 일을 쓰는 전형적인 일기의 틀에서 벗어나 봅시다. 대신 '부모님 몰래 내 방에서 병아리를 키운다면?'과 같은 주제는 어떤가요? 그저 아이가 상상하고 표현하고 싶은 것을 마음대로 쓰게 해 주는 것을 일기라고 생각하면 됩니다. 앞서 독서 감상문을 강요하지 말라고 했지만, 가끔이라도 아이가 책을 읽고 무언가를 써 볼 수 있도록 유도하는 것은 좋습니다. 독서 감상문도 부모님이 늘상 생각해 왔던 형식에서 탈피해 아이가 그 책과 관련하여 표현하고 싶은 것을 마음대로 쓰게 해 주세요. 읽었던 글에서 마음에 드는 문장 두어 개를 쓰는 것도 좋습니다.

처음부터 완벽한 글을 쓸 필요는 없습니다. 글쓰기에 대한 두려움을 없애고 글로 자신의 생각을 표현하는 데 재미를 느끼게 해 주는 것이 가장 중요합니다. 그러나 그보다 좀 더 욕심을 내서 아이가 글쓰기를 잘할 수 있게 도와주고 싶다면 가끔씩 쓴 글을 읽어 보고 다시 써 보는 것만큼 도움이 되는 게 없습니다. 글을 쓴 후에는 아이와 함께 읽어 보세요. 쓴 글을 고쳐 쓰고 돌려 읽는 작은 습관이 큰 변화를 가져올 수 있습니다. 아이의 글에서 고쳐야 할 것이 많이 눈에 띈다면 차근차근 하나씩 고쳐 나가면 됩니다. 처음에는 철자법을, 다음에는 띄어쓰기를, 그 다음엔 전달하려고 하는 문장이 매끄러운지를 눈에 띄는 대로 알려 줍니다. 하지만 너무 많은 지적을 해서는 안 됩니다. 아이가 의기소침해져서 글쓰기가 싫어질 수 있거든요. 부모님의 생각과 다른 아이의 글쓰기 내용에 대해서도 지적보다는 존중을 해 주세요.

여기까지가 전통적 의미에서의 문해력이었습니다. 그런데 이 장의 서두에서 말한 것처럼 21세기 문해력은 단순히 말과 글자에만 머물지 않습니다. 예전에는 의사소통이라고 하면 얼굴을 마주 본 상황에서의 대화였지만 어느 순간부터 메일, 트위터, 페이스북과 같은 다양한 소통 방식이 생겨났습니다. 이런 SNS나 인터넷 공간에서 우리의 '말'은 '글자'로 변해서 전달됩니다. 오늘 SNS에서 가족이나 친구들과 한 말을 한 번 보세요. 이게 말일까요, 글일까요? 이제는 말과 글의 경계가 애매해졌습니다. 우리는 말과 같은 글을 사용하는 시대에 살고 있습니다. 그리고 말보다 글을 더 자주 쓰고 있습니다.

학교에서의 상황도 마찬가지입니다. 코로나 19로 인해 선생님과 학급 친구와 글을 통해 소통하는 경우가 많아졌습니다. 글로 소통할 때에는 상대방의 표정이나 동작을 볼 수가 없고, 말투도 확인할 수 없습니다. 어른들도 전화를 걸 때와 다르게 메일을 쓸 때면 오해를 사지 않기 위해 표현을 손보는 것처럼 아이들도 이제는 공식적인 상황에서 이렇게 글로 의사소통하는 경우가 많아져서 훈련이 필요합니다. 이건 사회에 나가도 마찬가지입니다. 말이나 글로 자신의 생각과 감정을 표현할 수 있는 능력이 21세기 핵심 역량 중 하나라는 것은 너무 당연합니다.

많은 독서와 글쓰기로 문해력을 키우는 것만큼 중요한 것이 있는데, 바로 마음을 활짝 여는 것입니다. 의사소통의 첫 단계는 잘 듣는 것입니다. 우리가 귀가 2개인 것은 상대방의 말을 2배로 더 잘 듣기 위한 것이라는 말이 있습니다. 예나 지금이나 효과적인 의사소통의 기본은 '경청'입니다. 이 능력은 무엇보다 부모의 솔선수범이 중요합니다. 부모가 아이의 이야기를 잘 듣지 않고, 중간에 끊고 윽박지르면서, 친구들의 이야기를 잘 듣는 아이로 자라나기를 기대하는 것은 어렵습니다. 아이에게 다른 사람의 말을 잘 듣고 조리 있게 의견을 펼쳐야 한다는 이야기를 해 주는 것보다 부모가 스스로를 성찰하고, '경청'하는 어른의 본보기를 보여 주는 것이 더 큰 교육입니다. 마음을 열지 못한 소통은 각자 자기 생각만이 평행선을 달릴 뿐입니다. 다양한 생각을 가진 사람과의 효과적인 의사소통을 위해서는 서로를 인정하고 존중하는 태도가 필수적입니다. 사회가 다양화될수록 이런 태도와 의사소통 능력은 더욱 중요해질 겁니다. 의사소통 능력이야말로 사회에서 성공하는 삶, 다른 사람과 함께 어울려 사는 행복한 삶을 살 수 있게 해 주는 중요한 능력이라는 것을 잊지 마세요.

〈의사소통 능력을 강화하기 위한 방법〉
- 경청하는 습관을 길러 준다.
- 독서를 많이 하고 다양한 매체(강연, 토론, 담화 등)를 듣게 한다.
- 아이가 말하는 것에 자신감을 가질 수 있도록 칭찬한다.
- 아이의 의견과 감정을 존중한다.
- 부모가 먼저 좋은 대화의 모범을 보인다.
- 아이의 수준에서 대화를 이어 나간다.
- 아이가 말할 때 너무 자주 지적하지 않는다.

2부

내 아이
맞춤 가이드

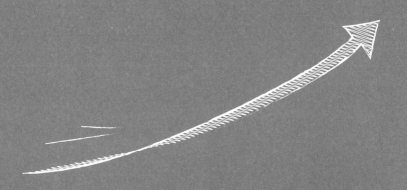

1장

내 아이 안성맞춤
학습법 파악하기

아이가 블록으로 집을 짓고 있습니다. 블록의 모양은 각양각색으로 다양하며, 그 블록들로 집을 짓는 방법 또한 무궁무진합니다. 그렇다면 아이가 어떤 블록으로 어떻게 집을 지어야 그 집이 무너지지 않고 튼튼할 수 있을까요? 이제, 블록으로 집을 짓는 것을 학습이라고 가정해 보겠습니다. 이때, 블록 하나하나는 아이의 지식이 됩니다. 아이가 블록을 잘 쌓아 튼튼한 집을 만들 수 있도록 우리는 어떻게 도울 수 있을까요?

제일 먼저 아이를 잘 파악하는 것이 중요합니다. 각양각색의 다양한 블록 중 어떤 아이는 삼각형 블록을, 어떤 아이는 사각형 블록을 필요로 합니다. 집을 짓는 방법도 마찬가지입니다. 어떤 아이는 터를 닦는 것부터 시작을 하고, 어떤 아이는 이미 1층을 만들어 두었기에 2층부터 시작하려 합니다. 블록으로 집을 지을 때 아이마다 사용하는 블록의 종류와 시작하는 지점,

쌓는 방법이 다르듯이 학습도 마찬가지입니다. 아이마다 학습할 때 어떤 지식(블록)을 필요로 하고, 어디에서 시작(시작점)하며, 또 어떤 방법을 사용하는지 모두 다릅니다. 그렇기 때문에 아이에게 맞는 학습법을 찾기 위해 가장 먼저 해야 할 것은 아이를 파악하는 것입니다. 이번 장에서는 아이에게 맞는 학습법을 찾기 위한 전제 조건, '내 아이 파악하기'에 대해 살펴보겠습니다.

☑ 학습 스타일, 인지 성향, 성격 파악하기

내 아이를 파악하기 위해 아이들마다 가지고 있는 여러 가지 특성들을 알아볼까요? 아이마다 여러 다른 특징들이 있지만 그중에서도 학습과 중요한 관계가 있는 학습 스타일, 인지 성향, 성격에 대해 알아보겠습니다.

〈학습 스타일 예시〉

유찬이는 과학 시간에 만유인력 법칙에 대해 배웠다. 선생님 말씀을 열심히 들었는데도 이해가 되지 않아서 집에 와서 교과서를 다시 한 번 읽어 보았다. 그래도 잘 이해가 되지 않아 이번에는 만유인력 법칙을 설명한 애니메이션을 보았더니 그제서야 이해가 되었다.

〈인지 성향 예시〉

유진이는 책 읽는 것과 글쓰기를 좋아한다. 그런데 국어 점수는 영 별로다. 수행 평가가 나와도 미루기 일쑤이고 시작해도 끝까지 못 마치거나 하고 싶은 부분만 한다. 하나의 일을 끝내기 전에 다른 과제를 시작해서 여러 일을 동시다발적으로 하는 경우가 많다.

〈성격 예시〉

수진이는 영어를 좋아한다. 수업도 잘 듣고 영어 동화책을 읽거나 말하기 연습도 열심히 한다. 그런데 영어 시간에 발표를 하거나 롤플레이를 할 때는 적극적으로 참여하지 않는다.

먼저 유찬이 사례는 학습 스타일을 보여 주고 있습니다. 학습 스타일은 학습 내용을 어떤 형태로 배워야 이해하기 쉬운지에 대한 문제입니다. 글이나 말로 배우는 것이 쉬운지, 그림 설명으로 배우는 것이 이해가 잘 되는지, 직접 몸으로 경험해야 잘 배울 수 있는지 등이 학습 스타일인 것입니다. 유찬이 사례는 글이나 말보다는 그림이나 이미지로 이해하는 것이 더 쉬운 경우가 있다는 것을 보여 줍니다.

유진이 사례는 인지 성향을 보여 줍니다. 인간은 다양한 인지 성향을 갖고 있습니다. 분석적으로 사고하는 사람과 직관적으로 사고하는 사람, 결정을 할 때 충동적으로 하는 사람과 심사숙고하는 사람, 글로 본 것을 머릿속에서 그림으로 쉽게 떠올릴 수 있는 사람과 그렇지 못한 사람, 불확실한 것에 대해 참을성이 높은 사람과 반대로 낮은 사람 등 매우 다양합니다. 여기서 유진이는 직관적인 사고를 하는 아이입니다. 직관적인 사고를 하는 아이의 특징으로는 일을 미루거나, 차례대로 하지 않고 자기가 좋아하는 부분부터 합니다. 또 여러 가지 일을 동시다발적으로 하고, 일에 대한 큰 그림을 머릿속으로 그린다는 특징이 있습니다.

여러 인지 성향 중 어떤 인지 성향이 좋은 것인가에 대한 질문을 한다면 선뜻 답하기는 어렵습니다. 보통 학교 성적을 잘 받기 위해서는 분석적이고, 성찰적이고, 융통성 있는 사고가 유리할 수도 있습니다. 그러나 또 직관적 사고의 특성이 창의성의 특성과 많이 닮아 있기 때문에 직관적인 성향의 아이가 창의성이 높을 가능성이 있습니다. 그러니 어떤 인지 성향이 더 낫다고 하기보다는 인지 성향에 따라 더 잘할 수 있는 일이 있고 더 잘 배울 수 있는 방법이 있다는 것으로 이해를 하는 것이 좋겠습니다.

이번에는 세 번째 수진이 사례를 한번 살펴볼까요? 수진이의 사례는 성격과 관련이 있습니다. 수진이는 영어를 좋아하고 또 열심히 하므로 영어를 잘할 가능성이 매우 높습니다. 그러나 수진이가 영어 시간에 소극적이기 때문에 어쩌면 선생님이나 친구들은 그걸 모를 수도 있어요. 즉, 성격적으로 내성적이라 수업 시간에 남들 앞에 나서는 것을 싫어하는 것입니다. 이처럼 성격도 학습에 영향을 미칠 수 있습니다. 특히, 외국어를 배울 때는 더욱 그렇습니다. 내성적이며 수줍음이 많고 틀리는 것에 대한 두려움이 많을수록 외국어를 배우는 데 더디며 반대로 뻔뻔스럽고 무식하게 덤비는 스타일이 외국어를 배우는 데 유리한 경우가 많습니다.

학습 능력을 판단하는 가장 대표적인 잣대로 '머리가 좋다', '나쁘다'를 듭니다. 그러나 방금 살펴본 아이들의 사례를 봐도 학습에 결정적인 영향을 미치는 것이 지능이 아니라는 것을 알 수 있습니다. IQ도 측정 방법이나 시험 당일의 컨디션에 따라서 달라질 수 있습니다. 이 세 아이들의 사례에서는 학습 스타일, 인지 성향, 성격이 학습에 영향을 미치고 있는 것을 알 수 있습니다. 이 외에도 연령이나 성별, 태도, 정서적 요소 등 정말 다양한 것들이 학습에 영향을 미칩니다.

인터넷, 서점, 유튜브, 학원 광고 등을 보면 '영어, 수학 단기간에 끝내는 방법,' '최고의 대학을 가기 위한 최고의 공부법'과 같은 식의 현혹하는 문구가 많습니다. 물론 저런 공부 방법도 가능하겠지요. 그러나 수많은 공부 방법들 중 하나일 뿐입니다. 여러분은 옷을 살 때 어떻게 사나요? 일단 내 체형에 맞도록 사이즈를 고른 후, 얼굴 색에 어울리는 색깔을 고르고, 내가 좋아하는 스타일과 이 옷을 입을 자리를 생각해서 고르게 됩니다. 그리고 한 벌이 아니라 여러 벌을 입어 보고 사겠지요. 옷을 살 때도 옷을 입을 '나'를 알고 거기에 맞는 옷을 삽니다. 이처럼 아이들마다 각자 다른 특성이 있다는 것을 이해하고 그 특성을 파악해서 아이에게 가장 나은 공부법을 찾아 주는 것이 중요합니다. 세상의 모든 사람들에게 다 맞는 옷이란 없고, 만일 그런 옷이 있다고 할지라도 그런 옷을 입고 싶어 하는 사람들은 거의 없을 거예요. 자신만의 개성이나 특징이 드러나지 않으니까요.

공부 방법도 옷을 고르는 방법과 다르지 않습니다. 즉, 공부를 할 우리 아이의 특징을 먼저 생각해 보세요. 이 아이가 무엇을 좋아하는지, 시각적 정보에 빠른지 아니면 글자로 된 정보를 빠르게 이해하는지, 성격이 활발해서 친구와 함께 공부하는 것을 좋아하는지 아니면 혼자 공부하는 것을 좋아하는지, 끈기가 있는지 등 생각할 것이 아주 많습니다. 그래도 아이를 꾸준히 지켜본 부모 입장에서 아이에 대한 이런 생각을 하는 데 많은 시간이 걸리지는 않을 것입니다. 다만, 주의할 점은 내가 과연 아이를 제대로 파악하고 있는가를 꼭 따져 봐야 합니다. 앞서 이야기했던 학습 스타일, 인지 성향, 성격, 태도에서 우리 아이는 어떤지 깊이 생각해 보는 시간을 가져 보세요. 아이를 제대로 파악해야 제대로 된 학습 방법을 처방할 수 있습니다.

〈아이의 공부를 효과적으로 도와줄 수 있는 비계 만들기〉

아이의 공부를 효과적으로 도와줄 수 있는 방법을 소개합니다. 일명, '비계 만들기'라는 건데요. '비계'란 건축 공사 때 높은 곳에서 일할 수 있도록 설치하는 임시 가설물을 뜻하는 것으로 아이가 한 단계 더 올라갈 수 있도록 받침을 만들어 주는 방법이에요.

예를 들어 지금 아이는 태양계에 대한 수행 과제를 해야 합니다. 달성해야 할 목표가 저 높이 있는데 아이는 저 아래에 있어요. 아이는 혼자 힘으로 목적을 달성할 수가 없습니다. 그러면 어떻게 해야 할까요? 저 위로 올라갈 수 있도록 받침을 만들어 주어야 합니다. 어떤 아이는 태양계에 대해서 좀 들어는 봤습니다. 어떤 행성이 있는지도 대강 알고 있지요. 이런 아이는 이 학습에 있어서 한 계단 올라간 상태이기 때문에 받침을 한두 개만 놓아 주면 어려움 없이 태양계를 이해할 수 있습니다. 하지만 태양계에 대해서 거의 아는 게 없는 아이에게는 받침을 세 개를 놓아 주어야 목표에 도달할 수 있습니다. 그것도 한꺼번에 세 개를 놓아 주면 아이가 힘듭니다. 받침 한 개를 주고 아이가 올라가는 것을 기다렸다가 또 다른 받침을 하나 더 놓아 주는 식으로 천천히 올라갈 수 있도록 해야 합니다.

비계를 제대로 만들려면 아이의 수준에 따라 몇 개의 받침을 만들어 줄 건지를 제대로 정할 수 있어야 합니다. 우선 우리 아이가 지금 공부할 주제에 대해서 어느 정도 아는지를 알아야 하겠지요? 아이의 공부를 도와줄 때 무작정 다 알려 주지 말고 아이가 혼자 깨달을 수 있는 만큼의 힌트만 주세요. 미처 생각하지 못했던 부분에 대해 질문을 할 수도 있고, 이해가 안 되는 부분에 대해 약간의 설명을 해 줄 수도 있습니다. 얼마나 받침을 잘 놓아 주는지에 따라서 아이가 어디까지 성장할 수 있는지가 결정되는 것입니다.

☑ 인간의 여러 가지 지능

다음은 두 아이의 인지 성향이 어떻게 차이가 나는지를 보여 주는 사례입니다.

유진이는 영어 단어를 더 효과적으로 외우고 싶었다. 단어를 외워도 일주일이 지나면 단어 뜻이 잘 기억나지 않았다. 친구인 수진이에게 말했더니 방법을 알려 주었다. 단어의 뜻과 연상되는 이미지를 머리로 그려 보면 단어를 외우는 데 도움이 된다고 하였다. 그래서 유진이는 수진이가 가르쳐 준 방법대로 해 봤다. 하지만 단어는 여전히 잘 외워지지 않았다. 그러다가 다른 방법이 생각났다. 새로 배운 단어를 사용해서 매일 영어로 몇 문장씩 써 나갔다. 한 달이 지나서 유진이는 거의 150개의 새로운 단어를 외울 수 있었다.

위 사례를 보면 유진이와 수진이의 인지 성향이 다른 것을 알 수 있는데 수진이는 시각적 학습자인 반면 유진이는 언어적 학습자입니다. 우리가 흔히 누구는 머리가 좋다, 나쁘다라고 얘기를 하는데, 그것을 그렇게 간단히 판단할 수 있는 게 아닙니다. 왜냐하면 우리가 통칭 '머리'라고 말하는 지능에는 정말 여러 가지 종류의 지능이 있거든요. 그러니까 어떤 사람은 이런 방면에서 머리가 좋고 어떤 사람은 저런 방면에서 뛰어나다고 말하는 것이 더 정확하겠습니다. 이번에는 인지 성향 이론 중 잘 알려진 '8가지 다중 지능 이론'에 대해 알아 보겠습니다. 이 이론에 의하면 인간은 다양한 지능 형태를 갖고 있는데 어떤 것이 있는지 한 번 보겠습니다.

8가지 다중 지능 유형	특징
언어적 학습자	– 책 읽는 것을 좋아한다. – 글쓰기를 좋아한다. – 언어와 외국어 배우는 것에 관심이 많다.
시각적 학습자	– 그림 그리는 것을 좋아한다. – 생각하는 것을 시각적으로 잘 표현한다. – 시각적 정보(그림, 이미지, 동영상, 그래프)를 잘 기억한다.
청각적 학습자	– 음악을 좋아한다. – 노래를 듣고 잘 기억한다. – 악기를 쉽게 배운다.
수리/논리적 학습자	– 수에 밝다. – 논리적으로 생각을 한다.
개인 지능 학습자	– 혼자 공부하는 것을 좋아한다. – 사색하는 것을 좋아한다.
대인 지능 학습자	– 팀 프로젝트를 좋아한다. – 다른 사람들과 토론하는 것을 좋아한다.
신체 운동 학습자	– 운동을 좋아하고 잘한다. – 뭐든지 직접 몸으로 해 보는 것을 좋아한다.
자연 탐구 학습자	– 야외 활동을 좋아한다. – 자연과 환경에 대해 관심이 많다.

이렇게 8가지의 지능 유형으로 구분할 수 있습니다. 사람은 이 8개의 지능을 모두 갖고 있습니다. 누구는 시각적 지능은 있지만 청각적 지능은 없다든지, 누구는 언어적 지능이 하나도 없다든지 하는 경우는 없습니다. 다

만, 사람에 따라 더 높은 지능이 있고 낮은 지능이 있기는 합니다. 즉, 시각적 지능은 아주 높은데, 신체 운동 지능과 자연 탐구 지능은 좀 낮은 경우가 있는 것입니다. 이 다중 지능 학습자 유형에 대해 읽으면서 다들 속으로 어느 항목이 나에게 해당하는지 생각해 봤을 것 같습니다. 부모님도 스스로 생각해 보면 '나는 시각적 지능이 강하지만 언어 지능과 청각 지능이 약한 편인 거 같아.'처럼 본인 스스로의 지능 유형에 대해 판단을 내릴 수 있을 것입니다.

마찬가지로 아이의 지능 유형도 그런 식으로 생각해 보면 됩니다. 아이의 지능 유형을 알면 공부 방법을 찾고 이를 지도하는 데 상당히 도움이 됩니다. 자기에게 맞는 지능을 사용하면 더 쉽게 배울 수 있습니다. 예를 들어, 시각적 학습자는 이미지를 떠올리면서 단어를 외우는 방법을 쓸 수 있고, 청각적 학습자라면 노래나 찬트를 활용하면 더 효과적으로 학습할 수 있습니다. 앞서 살펴본 예시에서, 유진이는 시각보다는 언어적 지능이 더 강하기

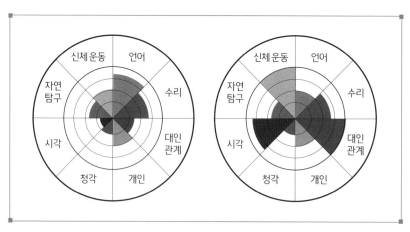

학생 A와 B의 다중 지능

때문에 남들처럼 영어 단어를 시각화해서 생각하기보다는 글을 써보면서 외우는 것이 더 쉬웠던 것입니다.

그럼 예시를 보면서 다중 지능을 공부할 때 어떻게 활용하면 좋을지 좀 더 알아보겠습니다. 왼쪽 표는 학생 A와 B의 지능 유형을 보여 주고 있습니다. 학생 A는 언어와 수리에 강하고 개인 지능이 높은 데 반해, 학생 B는 신체운동과 시각적 지능, 대인 관계 지능이 높습니다. 이 둘 중 누가 더 지능 유형이 좋다는 건 아니고 단순히 지능 유형이 다르다는 것을 보여 줍니다.

아이들의 지능 유형이 각각 다르다는 것을 알면 아이의 유형에 더 적합한 방법으로 학습을 할 수 있도록 길을 안내해 줄 수 있습니다. 학교 공부의 대부분이 글자와 숫자로 되어 있기 때문에 학생 A는 학교 공부에서는 대체적으로 좀 더 유리합니다. 그러면 학교 공부에 불리한 학생 B와 같은 아이가 좀 더 쉽게 공부를 하려면 어떻게 도와줘야 할까요? 이 아이의 지능 유형에 맞춰서 시각적 정보를 최대한 많이 활용하고, 실제로 해 보는 활동을 하면서 학습할 수 있게 해 주면 됩니다. 또 학생 B는 대인 관계 지능이 높기 때문에 다른 아이들과 교감을 하면서 배우는 아이라고 볼 수 있습니다. 그렇다면 친구와 함께 공부를 하면 좀 더 효율적으로 공부를 할 가능성이 높습니다. 그러면 협력 과제와 같이 함께 하는 활동을 시켜 보면 도움이 됩니다.

다양한 지능을 사용하게 되면 개념에 대한 이해도 빠르고 오래 기억할 수 있습니다. 특히, 언어를 배울 때는 언어, 시각, 청각, 대인 지능 등 여러 가지 지능을 함께 사용하는 것이 유리합니다. 언어라는 것은 듣고, 말하고, 쓰고, 교류하는 여러 상황에서 쓰이기 때문입니다. 다른 과목도 글자로만 기억하는 것보다 다양한 지능을 모두 사용해서 이해하고 기억하면 학습 효과가 훨씬 높아집니다. 여러 가지 미디어 자료와 활동을 통해서 학습을 하면 다양한 지능을 개발하는 데 도움이 됩니다.

아이들의 지능은 유연합니다. 그러니 다양한 지능을 골고루 사용할 수 있게 해 주면 효과적으로 학습할 수 있겠지요. 그리고 시각적으로 공부하는 것이 효과적이라고 해서 모든 과목을 동영상이나 이미지로만 배울 수는 없습니다. 게다가 동영상이나 이미지로 공부는 해도 나중에 시험을 글자로 보게 됩니다. 그러니 글자를 피해 갈 수 없고, 학교 공부를 잘하려면 언어적, 논리/수리적 지능을 무시하고 갈 수는 없습니다. 다중 지능을 활용하는 가장 좋은 방법은 공부를 어려워하는 아이가 처음 공부를 시작할 때 자기가 뛰어난 지능을 사용해 공부할 수 있게 해 주는 것입니다. 그러다 점차 조금씩 다른 지능도 사용할 수 있도록 옮겨 주면 나중에는 모든 지능을 골고루 다 잘 쓸 수 있게 되는 것입니다.

〈다중 지능 테스트에 대한 사실〉

인터넷에 보면 다중 지능 테스트를 해 볼 수 있는 사이트가 많이 있습니다. 영어로 된 사이트 중에서는 문항이 100문항 가까이 되는 것들도 있어요. 그러나 굳이 그렇게 복잡하게 많은 문항으로 테스트를 할 필요는 없어요. 이 책에서 말한 정도의 정보만 확인해도 아이의 성향을 대충 알 수 있습니다. 그리고 무엇보다도 부모가 아이를 잘 관찰해 보면 우리 아이가 무엇을 잘하고 좋아하는지 알 수 있으니 굳이 긴 테스트를 해 보지 않아도 됩니다.

테스트 결과를 가지고 아이의 미래를 정하는 데 사용해서는 절대 안 됩니다. 예를 들어, 이 아이는 음악적 지능이 발달했으니 음악가를 시켜야겠다고 단정적으로 결정해서는 안 된다는 것입니다. 다중 지능 테스트는 아이의 미래를 결정하는 데 사용하라고 있는 것이 아닙니다. 다중 지능 테스트는 아이에게 맞는 효과적인 학습법을 찾아내기 위한 하나의 도구일 뿐이라는 걸 잊지 마세요.

☑️ 동기

동기와 관련된 재미있는 라디오 사연이 있어서 하나 소개합니다. 한 선생님과 그 반 아이들이 등산을 갔습니다. 평소에 운동을 많이 하지 않았던 아이들이라 모두 헉헉거리며 산을 올라갔습니다. 그 후, 학교에 다시 돌아와서 선생님이 "수업하는 게 힘드니, 등산하는 게 힘드니?"라고 질문을 하자, 이때 한 아이가 "등산요."라고 답했다고 합니다. 선생님이 그 이유를 묻자, 그 아이는 "수업은 하는 척할 수 있는데 등산은 하는 척할 수가 없잖아요."라고 답했다고 합니다. 참 재치 있는 말이기도 하지만, 얼마나 많은 아이들이 학교나 집에서 '공부하는 척' 하고 있을까를 생각하면 피식 웃음이 나옵니다.

학업 성취도나 성적에 영향을 미치는 요인에 관해서는 지능, 태도, 인지 성향, 가정 환경, 끈기, 최근에 유행한 메타인지까지 무수히 많은 연구가 진행되었습니다. 그러나 그 연구들의 결과를 보면 상충되는 경우가 많습니다. 끈기가 학업 성취도와 높은 상관관계가 있다는 결과가 나오자 많은 사람들이 "그렇지, 역시 엉덩이의 힘이야."라는 반응을 보였습니다. 그런데 그 이듬해에는 예일대학교의 연구 결과에서 끈기와 학업 성취도가 별 상관관계가 없다는 결과가 나왔습니다. 그리고 많은 부모들이 하는 말이 "우리 애는 머리가 좋아서" 혹은 "나빠서"인데, 신기하게도 지능이 학업 성취에 미치는 영향이 가장 크다고 생각하는 교육학자들은 별로 없습니다. 이렇듯 많은 요인들이 학습 성취에 영향을 미칠 수도 있고 아닐 수도 있다고 생각하는 반면, 모두가 한 목소리로 정말 중요하다고 말하는 한 가지 요인이 있습니다. 바로 동기입니다. 저도 교수로서 학습에 영향을 미치는 가장 중요한 한 가지를 말하라고 하면 동기라고 생각합니다.

TV에 자주 모습을 보이는 어느 유명한 외식 사업가는 학교 다닐 때 영어를 별로 좋아하지 않았고 또 왜 배우는지도 몰라서 열심히 하지 않았다고 합니다. 그러다가 정말 너무 하고 싶은 것을 찾게 되었는데 그것이 바로 요리였다고 합니다. 요리에 관심이 생기자 여러 이유로 영어가 필요하게 되었고 그 이유로 영어 공부를 열심히 하게 되었다고 합니다. 지금 그는 영어뿐 아니라 해외에서 진행되는 TV 요리 프로그램에서 중국어, 일본어를 유창하게 말합니다. 목표와 동기가 있으니 다양한 외국어를 배우게 된 것입니다. 비단 어른만의 이야기는 아닙니다. 필자는 아들이 초등학교에 입학하기 전 까막눈을 면하게 해 주고자 글자를 열심히 가르쳤으나 그 당시 아이는 시큰둥했습니다. 그러다 아이가 레고와 로봇 만드는 것을 좋아하게 되면서 그것을 만들기 위해 매뉴얼을 읽으려고 노력하다 보니 글자를 스스로 깨우치게 되었습니다.

어른이나 아이나 동기가 있어야 배우고 싶은 마음이 생깁니다. 학교 공부가 어려운 가장 큰 이유 중 하나는 많은 과목과 많은 지식들을 배워야 하는데 동기가 없다는 것입니다. 아이가 원하는 것이 무엇인지, 무엇을 하고 싶어 하는지를 찾을 수 있도록 해 주어야 합니다. 아이가 원하는 것을 찾고 동기를 갖도록 해 주면 교사나 부모로서 해야 할 일의 절반은 했다고 볼 수 있습니다. 공부가 즐겁고 재미있다는 마음이 아이 스스로 생기면 가장 좋겠지만, 필요하다면 다양한 보상을 통해서 동기를 부여해 주는 것도 좋습니다. 목표를 갖도록 해 주고, 적당한 보상과 자신감도 키워 주며, 성취감을 가지게 될 때 아이들은 스스로 동기를 찾고 이를 유지할 수 있습니다.

사실, 학습 동기를 향상시키는 것은 쉬운 일이 아닙니다. 그러나 공부를 하는 데 가장 중요한 조건이 되기 때문에 어려운 길일지라도 아이가 동기를 스스로 찾을 수 있도록 끊임없이 도와주어야 합니다. 동기를 향상시키기 위해서 다음과 같은 방법을 시도해 보면 도움이 됩니다.

- 호기심을 갖도록 다양한 방면(문학, 예술, 체육, 과학 등)에서 자극을 준다.
- 무엇을 하고 싶은지에 대해 아이와 자주 대화한다.
- 너무 쉽거나 답이 정해져 있는 과제보다는 도전적이고 창의적인 과제를 준다.
- 칭찬을 자주 해 주고 자신감을 갖도록 해 준다.
- 아이가 스스로 목표를 세우게 한다.
- 배운 것을 어떻게 쓸 수 있을지 생각해 보게 한다. 배운 것이 쓸모 있다고 생각하면 학습에 대한 동기가 생긴다.
- 과제나 학습이 끝난 다음에는 스스로 만족감이 들 수 있도록 해 준다.
- 서로 격려를 하고 자극이 될 수 있는 또래 집단 내에서 비슷한 목표를 가지고 활동을 하게 해 준다.

☑ 자기 효능감과 자신감

스스로 공부를 잘한다고 생각하는 아이들이 얼마나 될까요? 아마 많지 않을 것입니다. 어릴 때부터 다른 나라에 비해 훨씬 경쟁이 심한 초경쟁 사회인 우리나라에서 공부를 하다 보니 잘하는 아이들조차도 스스로 공부를 잘한다고 생각하지 않으며 부모 또한 쉽게 만족하지 못합니다. 그러므로 아이들의 자기 효능감이나 자존감, 자신감이 낮아지는 것은 어쩌면 당연한 결과일지도 모르겠습니다.

자기 효능감이란 무엇일까요? 자신이 어떤 일을 잘하거나, 성공할 수 있을 것이라고 스스로 믿는 것을 말합니다. 예를 들어, 악기를 새로 배우면서 이 악기를 다루는 법을 잘 배울 수 있다고 생각하거나, 스피치 콘테스트에서 잘 해낼 수 있다고 믿는 것입니다. 반장이 되어 그 일을 잘할 수 있다고 생각하거나, 새로운 학교에 진학을 했을 때 새로운 친구를 잘 사귀고 새로운 환경에 적응할 수 있다고 스스로 믿는 것도 자기 효능감입니다. 이처럼 자기 효능감은 학습뿐만 아니라 직업, 인간관계, 사회생활 전반에 걸쳐 영향을 미칩니다. 그리고 자기 효능감이 높은 사람은 자존감과 자신감도 높습니다. 자기 효능감이 높은 사람의 특징을 볼까요?

- 학습 동기가 높으며 자기 주도적 학습이 잘 된다.
- 실패를 두려워하지 않으며, 실패를 해도 빨리 극복한다.
- 스트레스 상황을 잘 견딘다.
- 어려운 과제에 도전한다.
- 목표 달성을 위해 끈기 있게 노력한다.
- 자신감과 자존감이 높다.

－열심히 노력하면 노력한 대가를 받을 것이라 믿는다.

자기 효능감, 자존감, 자신감이 높은 아이는 학습에서도 두각을 나타낼 확률이 높으며, 사람 간 관계나 기타 활동에서도 리더십을 발휘합니다. 그래서 전반적으로 자신감 있고 행복한 삶을 누릴 수 있습니다. 그렇다면 아이가 자기 효능감 및 자신감을 높일 수 있는 방법 몇 가지를 살펴보겠습니다.

－달성하기 쉬운 목표로 시작한다.
－자신이 잘하는 것을 적어 본다.
－자신이 잘하는 것을 해 본다.
－마음이 맞는 아이들과 협력 학습을 한다.
－실패의 원인을 논리적으로 살펴본다.
－잘 안 될 때는 잠시 멈추고 돌아보는 여유를 갖는다.

부모 역시 아이의 자기 효능감을 높여 주기 위해서 다음과 같은 도움을 주며 아이를 지도해야 합니다.

－다른 아이와 비교하지 않는다.
－"너는 할 수 있어."와 같은 말로 계속적으로 용기를 준다.
－잘 안 되고 있는 일에 너무 꾸중하거나 비판하지 않는다.
－"지금 열심히 잘하고 있어."와 같이 과정에 대해 칭찬해 준다.

자기 효능감과 자신감을 높이기 위해서 교사나 부모의 칭찬이 중요한 것은 누구나 다 알 것입니다. 그러나 칭찬도 어떻게 하느냐에 따라 결과가 달라질 수 있습니다. 앞 장에서 결과보다는 과정에 대해 보상을 하라고 했습니다. 칭찬도 결과보다는 과정에 대해 해 주세요. "네가 머리가 좋아서 시험을 잘 봤구나."라고 말하면 시험을 못 봤을 때는 '머리가 나빠서'가 되기 때문에 노력할 필요가 없다는 말이 됩니다. 또한 아이의 자존감을 키워 주려고 "우리 유진이가 너무너무 잘했네." 또는 "세상에서 제일 똑똑해."라고 하면 아이는 그 정도만 하면 되는 줄 알고 더 노력을 안 하거나 계속 칭찬을 받기 위해서 너무 스트레스를 받게 될 수도 있습니다. 그러므로 "네가 열심히 노력해서 좋은 결과가 나온 거야."라고 결과뿐만 아니라 과정에 대해 구체적으로 칭찬을 하는 것이 중요합니다. 칭찬을 그냥 아무 상황에서나 할 것이 아니라 항상 타이밍과 수위 조절에 신경 써야 효과적입니다.

지금까지 이 책을 읽어 오면서 '쉬운 일이 하나도 없네.', '칭찬까지 생각해 가며 해야 한단 말이야?'라고 생각하실지도 모르겠습니다. 그런데 사실이 그렇습니다. 아이 키우는 것은 너무나 중요하고, 쉽지 않기 때문에 더 좋은 방법을 찾아야 합니다. 그리고 앞서 소개한 활동을 포함해서 실제로 아이와 많은 부분을 함께 해 봐야 합니다.

2장

메타인지 훈련, 언제, 어떻게 시작해야 할까?

고등학교 시절 저는 공부가 정말 재미가 없었습니다. 하기는 싫은데 안 할 수는 없어서 자율 학습 시간의 대부분을 잔머리를 굴리는 데 썼습니다. '어떻게 하면 짧은 시간에 이걸 다 공부할 수 있을까?', '어떻게 하면 한 번만 보고 다 외울 수 있을까?'라는 생각만 했습니다. 눈치 빠른 담임 선생님께서 하루는 "요령 피울 시간에 공부를 했으면 벌써 다 했겠다."라고 말씀하실 정도였습니다. 그래도 저는 꿋꿋이 뜻을 꺾지 않았는데, 기가 막힌 요령만 발견하면, 어떤 것이든 남보다 훨씬 빨리 할 수 있을 것 같았기 때문이었습니다. 물론 이는 성공하지 못했습니다. 하지만 그때 제가 시도했던 것이 바로 요즘 언급되는 '메타인지'가 아닐까 하는 생각이 듭니다.

☑️ 메타인지란?

최근 들어 '메타인지'라는 개념에 대해서 많은 사람들이 관심을 가지게 되었습니다. 여기서 인지란 '생각'과 '아는 것'을 말하며, 어떤 것을 기억하고, 이해하며, 분석하고, 적용하는 모든 과정이 인지 기능이라고 할 수 있습니다. 그리고 메타인지(초인지)는 '생각을 생각하는 것'을 말합니다. 우리가 '생각'을 할 때를 떠올려 보세요. 보통은 그 생각에 집중을 하기 때문에 어떻게 생각을 하고 있는지 생각하지 않습니다. 그러나 그 과정을 밖에서 들여다보고 생각을 제대로 하고 있는지 확인하게 된다면 그 과정이 메타인지입니다. 생각하고 있는 내 머릿속을 투명한 스노우 볼에 비유한다면, '스노우 볼을 들여다보듯이' 생각하는 머리를 들여다보는 것이 바로 메타인지입니다. 길을 걸을 때 걷는 것 자체에 대해서 생각하는, 즉 이 속도로 걸으면 괜찮은 건지 방향은 맞는지 생각하는 것입니다.

학습에서도 마찬가지입니다. 학습이 인지 영역이라면 학습을 잘하고 있는지 확인하는 것이 메타인지입니다. 예를 들어 영어 단어를 외울 때 대개 그냥 영어 단어를 열심히 외우기만 합니다. 그런데 메타인지를 사용하면, 영어 단어를 짧은 시간에 빨리 외우고, 외운 단어를 되도록 오래 기억하는 방법에 대해 생각을 하게 됩니다. 영어 단어를 잘못 외우고 있는 나를 발견하고, 더 나은 방법으로 외워야겠다고 생각을 하게 된 것입니다. <u>스스로 무엇을 못하는지 알고, 쉽게 할 수 있는 요령을 찾으려는 것이 메타인지 전략인 셈입니다.</u>

메타인지는 어려운 개념이지만, 예시와 에피소드를 통해 각각의 아이들에게 맞는 방법을 찾아보도록 합시다.

〈메타인지 전략 에피소드〉

유진이는 방학 동안 하루에 영어 단어를 10개씩 외우기로 계획을 세웠습니다. 그리고 일요일마다 한 주 동안 외운 단어를 점검해 보기로 하였습니다. 방학하는 날 유진이는 영어 단어장을 사서 매일 10개씩 외우기 시작했습니다. 일요일이 되어 외운 단어 중 몇 개나 기억하는지 점검해 보았더니 60개 중에 겨우 6개 정도만 기억이 났습니다. 유진이는 당연히 맥이 빠졌습니다. 그렇지만 포기하지 않고 다른 방법을 시도해 보기로 하였습니다. 단어만 빽빽이 있는 단어장으로 공부하기 힘들었기 때문에 이번에는 쉬운 영어 동화책을 읽어 보기로 했습니다. 하루에 모르는 단어를 5개 공부하기로 목표를 바꾸고 동화책 분량은 모르는 단어를 5개 찾을 때까지 읽는 것으로 정했습니다. 어떤 때는 한두 단락만 읽을 때도 있고 어떤 때는 한두 페이지를 읽을 때도 있었습니다. 일주일이 지나서 단어 점검을 해 보았더니 새로 배운 단어 30개 중 15개가 기억이 났습니다. 공부 방법을 바꾼 것은 성공적이었습니다. 그리고 영어 동화책 읽기도 점점 재미있어졌습니다.

이 에피소드에서 유진이가 사용한 메타인지 전략은 다음과 같습니다.
– 할 일에 대해 목표 세우기
– 학습 방법 계획하기
– 목표 점검하기
– 학습 방법 성찰하기
– 학습 방법 바꾸기
– 결과 확인하기

유진이의 사례에서 나타나듯이, 의식적으로 생각하고 있지 않을 뿐이지 우리 모두 메타인지를 사용하고 있습니다. 공부할 때뿐만 아니라 많은 일을 할 때 더 잘하고 더 쉽게 할 수 있는 요령을 생각하게 됩니다. 매일 하는 청소나 요리, 회사에서의 업무를 늘 하던 대로 기계적, 반복적으로 하는 것이 아니라, 이 방법이 과연 최선인가를 생각해 보고 더 좋고 편한 다른 방법이 없는지 생각하는 것이 곧 메타인지입니다. 다만 메타인지라는 말을 쓰지 않았을 뿐이지 모두가 사용하고 있는 것입니다. 이 메타인지에 대해 좀 더 알게 되면 더 잘 활용할 수 있습니다. 그래서 메타인지에 대해서 좀 더 알아보려고 합니다.

☑ 메타인지 과정

공부를 잘하는 사람들을 보면 학습하는 과정을 의도적으로 들여다보면서, 계획을 세우고 평가하는 과정을 통해 스스로 성찰합니다. 학습이 잘 되고 있는지 스스로 확인하고 잘 안 되고 있으면, 다시 반복해 보거나, 공부하는 방법을 바꾸기도 합니다. 시행착오를 거듭하며 가장 효율적으로 학습하는 방법을 찾으려고 노력하는 것입니다. 이게 바로 메타인지를 사용하고 있는 것입니다. 즉, 학습에 앞서 자신의 위치가 어디인지를 정확하게 알고, 학습하는 과정에서도 끊임없이 내가 잘하고 있는지 확인하는 것이 메타인지입니다. 이것을 잘하면 학습의 효과를 높일 수 있습니다.

메타인지가 부모님 사이에서 유행하면서 심지어는 아이의 메타인지 사용을 도와준다는 학원까지 생겼습니다. 그러나 메타인지를 잘 쓰기 위해서 학원까지 보낼 필요는 없습니다. 우리 아이가 어느 정도 사용하는지 살펴보고, 잘 사용하고 있지 않다면 터득할 수 있도록 몇 가지 요령만 가르쳐 주면 됩니다. 메타인지는 사용하는 정도에 따라 아래의 4단계로 구분할 수 있습니다. 이 4단계는 아이를 관찰해 보고 우리 아이는 어디쯤 있는지 확인하는 기준으로 삼을 수 있습니다.

〈메타인지 4단계〉

1단계: 메타인지에 대해 생각해 본 적도 없고 특별한 학습 전략도 없다.

2단계: 자신의 사고에 대해 간단한 전략을 사용해 보기는 하는데, 특별히 자기가 쓰고 있
는 방법에 대해 계획을 세우거나 생각을 깊이 해 보지는 않는다.

3단계: 학습을 효과적으로 하기 위해서 다양한 방법과 전략을 사용해 본다.

4단계: 자신이 학습에 사용하고 있는 방법이나 전략이 최선인지, 이렇게 해서 공부가 잘
되고 있는지 성찰하고 반성한다. 잘 되고 있지 않다고 생각되면 공부하는 방법과
전략을 바꿔 본다.

이 4단계는 아이의 메타인지 수준을 확인하는 방법이기도 하지만, 아이의 메타인지를 발달시키는 단계이기도 합니다. 즉, 메타인지를 거의 사용하지 않는 1단계 학습자에서 훈련을 통해 4단계 학습자가 되도록 도와주는 것이 바로 중요합니다.

☑ 메타인지를 강화하는 방법

메타인지는 타고나는 것이 아니라 계발을 하고 발달시켜 주어야 합니다. 어떤 아이들은 공부를 하면서 스스로 터득하기도 하지만, 어떤 아이들은 "이렇게 해 보면 어떻겠니?"라고 알려 줌으로써 깨닫게 되기도 합니다. 옆에서 친구나 언니가 하는 것을 보고 문득 깨닫는 것과 같습니다. "저런 방법을 쓰면 더 쉽겠네.", "난 왜 저 생각을 못 했지?"와 같이 우리도 요령 있는 친구가 일하는 것을 보고 배우기도 합니다. 메타인지를 통해 아이가 머리 쓰는 방법을 바꿔 주는 것입니다. 아이의 메타인지 수준을 확인하고 그에 맞게 메타인지를 강화하는 훈련을 하면 가능합니다.

〈메타인지 훈련 에피소드〉

주변에서 메타인지에 대해 이야기하는 학부모들이 많아졌습니다. 메타인지가 학습 효과를 높여서 공부를 더 잘할 수 있게 해 준다고 하여 아이를 메타인지를 훈련시키는 학원에 등록을 했습니다. 학원에서는 아이에게 메타인지를 사용하는 단계와 전략에 대해서 설명했습니다. 아이가 계획표도 만들고, 공부하는 방법도 배웠습니다. 그런데 이상하게도 학습 효과가 크게 나타나지는 않습니다. 무엇이 문제일까요?

의도적인 훈련을 통해 메타인지를 잘 사용할 수 있도록 해 주는 것은 일단 도움이 됩니다. 그런데 실질적으로 배우는 내용(영어, 수학, 과학 등)이나 과제(에세이 쓰기, 과학 수행 과제 하기) 없이 메타인지에 대해서만 가르쳐 주는 것은 효과가 없습니다. 앞서 설명한 스노우 볼을 떠올려 보세요. 메타인지 자체만 가르치는 것은 빈 스노우 볼을 보는 것과 같습니다. 배워도 나중에 어떻게 사용해야 하는지 적용하기 어려운 것입니다. 인지(배우는 것)와 메타인지(배우는 과정을 조절하는 것)는 같이 가야 합니다. 따라서 메타인지만 알려 주는 수업은 별로 도움이 되지 않습니다. 다시 말해 메타인지 훈련은 '어떤 상황에서 어떻게 활용하는지'가 중요하기 때문에 특정 과목이나 특정 주제를 정해서 그 내용을 공부하는 과정에서 메타인지를 훈련해야 합니다. 즉, 배우는 과정에서 상황에 맞게 메타인지 전략을 사용할 수 있도록 지도를 해 주어야 합니다.

흔히 메타인지 훈련은 고학년 아이들에게 해야 한다고 생각하기 쉬운데 그렇지 않습니다. 6, 7세의 아이들도 자기 조절 능력과 메타인지 훈련을 할 수 있습니다. 어릴 때부터 시작해서 효과적인 학습 방법을 스스로 계속 찾을 수 있게 해 주면 더 좋습니다. 물론 아이의 연령에 맞게 쉽게 설명하는 것이 중요합니다. 메타인지를 발달시키기 위해서 다음과 같이 해 봅니다.

1. 우선 자신에 대해 스스로 생각해 보게 한다.

– 공부할 때 내가 가진 장점은 무엇인가? 단점은 무엇인가?

– 공부할 때 내가 주로 쓰는 방법은 무엇인가?

– 스스로 계획하고 잘하고 있는지를 점검하는가?

2. 계획을 세운다.

– 해야 하는 일, 하고 싶은 일을 정한다.

– 목표를 정한다.

– 어떻게 목표를 달성할 수 있을지 방법을 정한다.

3. 학습 과정을 관찰한다.

– 자신이 계획대로 잘하고 있는지 계속적으로 확인한다.

– 쓰고 있는 방법이 효과적인지 확인한다.

4. 결과를 평가한다.

– 계획대로 모든 것이 잘 되었는지 평가한다.

– 어느 부분에서 개선이 필요한지 살펴본다.

여기서 설명하고 있는 것은 결국 자신을 파악하고 → 계획을 세우고 → 공부를 해 보고 → 만족스러운지 생각해 보는 과정입니다. 다시 말해, 계획, 실행, 평가 단계를 거치게 되는 겁니다. 이 각 단계별로 잘 되고 있는지를 알 수 있도록 스스로 몇 가지 간단한 질문을 해 봅니다.

☑ 메타인지 훈련을 위한 질문 예시

계획 단계

- 해야 하는 과제가 나에게 어려운 과제인가?
- 이 과제에 대해서 내가 이미 알고 있는 것은 무엇인가?
- 내가 모르는 부분은 어떻게 할 것인가?

실행 단계

- 내가 잘하고 있는가?
- 지금보다 더 잘하기 위해서는 무엇을 더 하면 될까?
- 무슨 방법을 쓰면 더 효과적으로 공부할 수 있을까?

평가 단계

- 내가 과제를 잘 수행했는가?
- 사용한 방법이 효과적이었는가?
- 다음에는 어떻게 할 것인가?
- 더 효과적인 방법은 없을까?

실제로 아이가 어떤 과제나 공부를 처음 할 때 이 단계에 맞춰서 생각을 해 보고 기록을 한 번 해 보라고 하세요. 모든 사람들이 은연중에 좀 더 나은 방법을 찾기 위해 메타인지를 쓰고 있기는 하지만, 실제로 자신이 잘하고 있는지 확인을 해 보면 문제점을 발견하게 되고 다음에는 확실히 좀 더 나은 방법을 쓸 수 있게 됩니다. 머리가 좋다는 것은 기억력이 좋다는 것일 수도 있고, 이해력이 높다는 것일 수도 있는데, 이렇게 자기한테 맞는 방법을 잘 찾아내는 것이 될 수도 있습니다. 기억력이나 이해력을 갑자기 높이기는 어려워도 메타인지는 훈련을 해서 좀 더 빨리 향상시킬 수 있습니다. 즉, 메타인지 전략을 잘 쓰면 자신의 공부 약점을 보완할 수 있습니다. 예를 들어 암기력이 떨어진다는 것을 알게 되면 외우는 방법을 바꾸거나 외우는 주기를 바꾸어 볼 수 있겠지요. 이해력이 떨어진다면, 다른 방법으로 접근을 해 봅니다. 책으로 이해가 안 되었다면 동영상 강의를 시청하거나 그림으로 개념 설명을 한 자료를 찾아서 봅니다. 앞서 최고의 공부법이라고 선전하는 광고가 많다는 말을 했습니다. 그러나 사람마다 최고의 공부법은 다르고, 그래서 본인에게 맞는 최고의 공부법은 결국 본인 스스로가 찾아야 합니다.

〈KWL 차트〉

교과서에서도 자주 나오는 차트인데 공부하는 주제에 대해 이미 아는 것(Know), 알고 싶은 것(Want to know), 새로 배운 것(Learn)을 적어 보는 활동을 말합니다. KWL 차트를 만들면, 이미 알고 있는 지식과 새로 배우는 지식을 연결하기 때문에 새로운 지식에 대해 이해하기 쉽고 기억도 오래 할 수 있습니다. 내가 알고 싶은 것을 적어 보면, 학습 목표가 나오고, 학습 후 새로 배운 것을 적어 봄으로써 자기 성찰을 할 수 있습니다.

[KWL 예시]

K	한낮에는 모래가 바닷물보다 따뜻하다.
W	지면과 수면의 하루 동안 온도 변화는 어떠할까?
L	모래(지면)는 물(수면)보다 온도 변화가 크다.

☑ 메타인지 훈련 예시

그러면 메타인지를 잘 쓰기 위한 전략을 구체적으로 알아볼까요? 다음과 같은 것들을 공부할 때마다 과목의 성격에 맞게 한두 개씩 해 보도록 합니다. 한꺼번에 다 할 필요도 없고 단시간에 할 필요도 없습니다. 그날 해야 할 과제에 가장 잘 어울리는 전략을 골라 해 보면 됩니다.

〈10가지 메타인지 전략〉

1. 한 번 훑어본 후 다시 읽어 본다.
2. 학습 내용을 머릿속에서 이미지로 그려 본다.
3. 학습 내용을 키워드로 정리한다.
4. 중요한 핵심 개념을 표시해 둔다.
5. 학습 내용을 요약한다.
6. 새로 배운 지식을 원래 알던 지식과 연결해 본다.
7. 학습한 내용에 대해 심화 활동을 한다.
8. 메타인지 훈련 스케줄을 작성하고 기록한다.
9. 학습을 하면서 어떤 메타인지를 사용하고 있는지 말해 본다.
10. 스스로 배운 내용을 테스트해 본다.

위의 10가지 메타인지 전략은 대부분의 과목에서 활용할 수 있습니다. 그러나 모든 과목에서 똑같이 활용하지는 않습니다. 어떤 전략은 어떤 특정한 과목에 더 잘 들어맞습니다. 예를 들어 "학습 내용을 키워드로 정리한다."라는 전략은 수학보다는 사회 교과에서 더 효과적으로 쓰일 수 있습니다. 또, 수학에서 쓰이는 메타인지 전략과 언어 과목에서 쓰이는 메타인지 전략은 다를 수밖에 없습니다. 메타인지에 대한 몇 가지 기본적인 것을 따라서 공부하다 보면 공부에 속도가 붙어서 공부하는 게 더 재미있어집니다.

3장

학습 효율을 높이는
최적의 학습 환경

'공든 탑이 무너지랴?'라는 말이 있습니다. 노력과 정성을 들인 일은 그 결과가 헛되지 않다는 뜻이죠. 반면에 '십 년 공부 나무아미타불'이라는 말은 공든 탑이 무색하게 모두 허사로 돌아간다는 뜻입니다. 또, '서울 가서 김 서방 찾기'라는 말이 있는가 하면, '서울 김 서방 집도 찾아간다'라는 속담도 있습니다. 삶의 양상이 한쪽의 속담 또는 격언으로 모두 설명할 수 있을 만큼 단순하지 않다는 것입니다.

아이들의 학습 환경에 대한 부모들의 의견도 마찬가지입니다. 많은 사람들이 아이의 학습 환경을 섬세하게 조성해 주는 것이 무엇보다도 중요하다고 조언합니다. 그러나 "키워 보니 다 필요 없고 타고난 대로 잘만 자라더라."라고 회상하는 부모님들도 적지 않습니다. 그렇다면 도대체 어떤 환경을 조성해 주어야 할까요? 이 장에서는 부모님들이 주로 마주하는 질문들을 통해 아이들의 학습 환경을 조성하는 데 필요한 조언을 드리고자 합니다. 우리 아이의 경우와 비교하며 다양하게 고민해 보시기 바랍니다.

☑ 학습 공간 만들어 주기

어떤 공간에서 공부하는 것이 좋을까요? 가장 먼저 떠오르는 곳이 집이고, 집이 제일 편한 곳이기도 합니다. 집 안에서는 장소를 옮겨 가며 다양한 공간에서 공부를 할 수 있습니다. 아이의 방이나 거실, 때로는 가족과 함께 할 수 있는 부엌의 식탁도 좋은 공부 장소가 될 수 있습니다.

집 외의 장소 중에서는 어디가 좋을까요? 도서관, 독서실, 카페도 있지만, '이곳이 가장 좋다!'라고 모두가 동의할 수 있는 장소는 없습니다. 여기서 가장 중요한 것은 다양한 환경에서 공부해 보며, 스스로 가장 지속적이고 규칙적으로 공부를 할 수 있는 자신만의 공간을 찾아야 한다는 것입니다. 성공과 성취의 경험이 오랫동안 기억되듯이, 공부를 하는 공간 역시 마찬가지입니다. 다양하게 장소를 바꿔 가며 공부를 해 보게 하고, 아이에게 맞는 공간을 찾아 주세요. 이러한 과정에서 '선택된 공간'은 아이에게 '공부가 잘 되는 공간'으로 기억되고, 그 기억은 심리적으로 공부가 잘 될 것이라는 긍정적인 효과를 발휘할 것입니다.

아이들이 집중을 잘할 수 있는 공간은 방해 요소가 제거된 공간이자 단순화된 공간입니다. 여기에서 말하는 방해 요소란 아이의 집중력을 흐트러뜨리는 모든 것을 말합니다. 그리고 이 방해 요소는 자녀의 성향에 따라 달라질 수 있습니다. 대부분 스마트폰이나 컴퓨터만 방해 요소가 된다고 생각하지만, 의외로 어떤 아이에게는 책이 방해 요소가 될 수도 있습니다. 또한 책상 위에 어지럽게 널려 있는 잡동사니도 될 수도 있습니다. 그렇기 때문에 내 아이의 학습을 방해하는 요소가 무엇인지 평소에 잘 관찰하는 것이 중요합니다. 그리고 그 방해 요소를 최대한 제거한 환경을 만들어 주는 것이 꼭 필요합니다.

도서관도 마찬가지입니다. 우리가 생각하는 도서관은 많은 사람들이 공부하는, 학습 분위기가 잘 조성된 공간입니다. 특히, 조용한 학습 분위기로 인해 집중도 잘 되고, 당장 게임을 할 수 있는 컴퓨터와 누울 수 있는 침대가 없다는 것도 장점이 될 수 있습니다. 그래서 방해 요소가 없을 것이라고 대부분 생각하지만 도서관 역시 누군가에게는 또 다른 방해 요소가 있을 수 있습니다. 예를 들어 지나치게 조용한 환경보다는 적당한 백색 소음이 공부에 도움이 되는 경우도 있고, 도서관처럼 공개된 장소에서 공부하는 것보다는 혼자 있는 공간을 선호할 수도 있습니다. 그러므로 도서관에서도 열람실을 독서실형으로 할지, 오픈형으로 할지 먼저 경험해 본 후 자신에게 맞는 공간을 찾아야 합니다.

집 또한 방해 요소를 제거해야 합니다. 제거한다기보다 분리한다는 표현이 적절할 수도 있겠습니다. 잠을 자고, 게임하고, 밥을 먹는 편안한 공간인 집에서 공부에 집중한다는 것은 아이뿐 아니라 어른들에게도 쉽지 않습니다. 공부하는 곳과 평소에 놀이를 하는 곳을 분리해 주세요. 집에서도 공부에 집중이 잘 되는 아이만의 공간을 찾아야 합니다. 책을 읽는 곳과 공부에 집중할 수 있는 곳은 다를 수 있습니다. 앞의 도서관과 마찬가지로 집에서도 다양한 공간에서 공부해 보고 아이가 집중이 잘 되는 곳이 어디인지 스스로 선택할 수 있도록 도와주세요.

그렇다면 방해 요소를 제거한 그 공간에 무엇을 채우는 것이 좋을까요?

아이의 '메타인지'를 도울 수 있는 환경을 마련해 주는 것이 좋습니다. 방에 작은 칠판이나 화이트보드를 두거나, 창문이나 벽에 화이트보드 시트지를 붙여 작은 교실로 만들어 주세요. 더불어 색깔별 포스트잇도 마련해 줍니다. 생각나는 것들을 색깔별로 정리할 수 있습니다. 홀로 방에 앉아 학문의

〈메타인지 메모지 활용하기 팁〉

지금 아이는 삼국의 발전 과정에 대해 공부하고 있습니다. 고구려, 백제, 신라의 세 나라가 건국되고 발전하는 과정에 대한 내용을 읽었습니다. 그 후, 보통의 아이들은 스스로를 확인하기 위해 학습지의 빈칸을 채우거나, 문제집을 풀게 됩니다. 아니면 그런 과정도 없이 '신라의 전성기에 대한 설명으로 옳지 않은 것을 고르시오.'와 같은 시험 문제로 성취도를 확인하는 것이 전부입니다. 그렇다면 아이 스스로가 선생님이 되었다 생각해 볼까요? 그리고 선생님 앞에 유일한 '학생'인 자신을 가르치기 위해 자신이 이해한 내용을 재구성하여 칠판에 써 보도록 합니다. 아는 내용을 쭉 적다 보면 내가 무엇을 알고 무엇을 모르는지에 대한 자기 평가가 저절로 이루어지게 됩니다. 이후에 자신에게 부족한 부분을 다시 복습하고, 다시 스스로에게 설명하는 과정을 반복하면서 완벽해지게 되는 것입니다.

또한 꼭 알아야 할 것, 잘 외워지지 않는 내용 등을 메모지나 수첩에 써서 공부하는 공간 여기저기에 붙여 놓는 것도 좋은 방법입니다. 자주 보고 익히는 것만큼 좋은 방법은 없습니다. 수시로 쳐다보며 스스로에게 각인시키는 것입니다. 다만, 이때 내용을 너무 자세하게 쓰기보다 핵심 단어나 소제목을 위주로 쓰는 것이 좋습니다. 핵심 단어를 볼 때마다 그 뒤에 있는 문맥과 내용을 스스로 떠올리려는 노력을 하게 됩니다. 삼국의 통일 과정을 공부한 후, 메모지에 '나당 연합 – 백제 멸망 – 고구려 멸망 – 나당 전쟁 – 삼국 통일 완성'이라고 모두 써 놓기보다, 생각의 여지를 남겨 두는 것이 메타인지를 더 활성화시킬 수 있습니다. '삼국의 통일 과정'이라는 제목만 써 놓거나, 중간중간을 비워 두면 빈 부분을 생각하는 과정에서 스스로를 확인하고, 조정하는 과정을 거칠 수 있게 됩니다. 이렇게 방해 요소는 제거하고, 아이의 사고를 활성화하는 조건을 채워 넣는 방식으로 학습 환경을 만들어 보세요.

세계를 탐험하는 것은 신비로운 일이나 꽤나 고독한 일이기도 합니다. 공부를 했지만 이것을 내가 제대로 알고 있는지 아닌지를 확인할 수 있어야 계속 전진할 수 있습니다. 혼자 책상에 앉아 있지만, 스스로가 선생님이 되었다고 생각하고 거기에 대한 답을 말해 보도록 해 주세요.

☑ 부모도 환경이다

물리적 환경만 잘 조성해 준다고 해서 학습이 잘 될까요? 그렇지 않습니다. 물리적인 환경보다 더 중요한 것이 있습니다. 그것은 바로 부모가 함께하는 공부 분위기를 조성하는 것입니다. 부모를 '인적 환경'이라고 보면 어떨까요? 우리는 유유상종이라는 말을 하면서 아이들이 어떤 친구들과 어울려 다니는지 관심을 가지고 보며, 또 내심 공부 열심히 하는 아이들과 어울려 다니기를 바랍니다. 그런 친구들과 다니면 어쩐지 그 아이들에 물들어서 같이 공부를 열심히 할 것 같다는 생각을 합니다. 그렇다면 집에서 많은 시간을 함께 보내는 부모한테서 더 큰 영향을 받을 것은 너무 당연한 일입니다. 여기서 우리가 반성할 부분이 없는지 살펴봐야 합니다. 혹시 어른들은 TV를 보거나 스마트폰에 빠져 있으면서 아이에게 어서 들어가서 공부하라고 채근하지는 않나요? 오늘부터는 아이가 공부를 할 때 옆에서 함께 공부를 하거나 독서를 하는 모습을 보여 주세요.

여러분은 아이의 바람직한 학습 환경 조성에 대해서 많은 의견을 들어 보았을 것입니다. 책상의 위치, 조명의 밝기, 벽지의 색상 등 신경 써야 할 부분이 참 많습니다. 하지만 채광 좋고 넓은 자기만의 방과 책상이 있다고 학습이 잘 되는 것도 아니고, 그런 것들이 없다고 공부가 안 되는 것도 아닙니다.

가정 내 모든 구성원이 만드는 환경 안에서 아이들은 가치와 태도를 배우며 자라납니다. '자식은 부모의 거울이다'라는 말처럼 모범의 효과는 상상 그 이상입니다. 앞에서도 '부모가 먼저 모범을 보여 주세요.', '아이와 함께 실천해 보세요.'와 같은 말을 했는데, 부모가 아이의 학습 환경을 완성해 주는 인적 학습 환경이기 때문입니다. 아이 방을 예쁘게 꾸며 주는 것으로 학습 환경을 다 만들어 줬다고 생각하면 안 됩니다. 물리적 환경보다 인적 환경이 훨씬 중요하다는 것을 꼭 기억하세요.

☑ 정답은 없다

언젠가 다섯 형제를 모두 훌륭하게 키워 좋은 대학까지 보냈다는 어떤 엄마의 글을 읽은 적이 있습니다. 그 저자는 비결이 자신의 거실에 있다고 하더군요. 거실을 공부하는 공간으로 바꾸고 부모와 아이들이 모두 함께 공부를 했다고 합니다. 좋은 생각이다 싶어서 저도 그 책의 내용대로 해 보기로 결심하고 당장 TV를 없애고 거실을 공부방으로 만들었습니다. 그런데 그 결과는 기대와는 완전히 반대로 대실패였습니다. 거실이 공부방이 되면서 아이 입장에서는 평소 편하게 거실의 소파에 누워 만화 영화를 보며 엄마와 수다를 떨던 시간도 함께 사라진 것입니다. 자기 방에 들어가도 책상이 있는 공부방, 거실을 나와도 공부방이 기다리고 있었던 것이죠. 아이들은 그 환경을 답답해했습니다. 결국 얼마 지나지 않아 TV와 소파는 다시금 거실로 돌아왔습니다.

학습 환경 조성에 있어 정답은 없습니다. 그리고 남들이 하는 것을 그저 따라 한다고 같은 결과가 나오는 것은 절대 아닙니다. 이 글을 읽으면서 여러분은 아마도 자신의 아이를 떠올리며 나름대로 다양한 고민을 해 보았을 것입니다. '내 아이의 학습을 방해하는 요소는 무엇일까?', '공부하는 공간을 다른 방으로 옮겨 볼까?', '오늘부터 아이가 공부할 때 같이 책을 읽어 볼까?' 등등. 답은 그 고민을 실행에 옮기고, 조정하고, 또 다시 실행하는 과정 속에 있습니다. 단언컨대, 아이의 학업 능력을 향상시키기 위한 단 하나의 가장 좋은 학습 환경이란 존재하지 않는 것과 같은 이치입니다. 이건 모든 아이들을 만족시키는 단 하나의 공부법이란 세상에 존재하지 않습니다. 내 아이를 잘 파악하고 아이 성향에 맞게 환경을 조성하며, 아이의 성장과 상황 변화에 따라 환경 역시 변화시켜야 합니다. 환경의 작은 변화가 습관의 변화를 유도합니다. 그리고 이 작은 변화가 모여 인생이라는 커다란 흐름을 뒤바꾸는 것입니다. 공든 탑은 절대로 무너지지 않습니다.

〈학습 환경 조성 팁〉
– 편안함을 느낄 수 있도록 적당한 온도와 조도를 유지한다. (졸음 방지, 집중력 유지)
– 책상 위에는 꼭 필요한 것만 둔다. (책, 필기도구)
– 책상과 침대를 멀리 배치하고 컴퓨터는 거실에 둔다(온라인 수업 기간에는 책상 근처에 컴퓨터를 배치).
– 회전의자는 금지한다.
– 아이의 개성과 특성을 존중한다.
– 학습 영역과 휴식 영역을 구분한다.
– 필요할 때는 백색 소음을 깔아 준다.
– 방은 스스로 정리하게 한다.

3부

가정에서
비대면 학습 도와주기

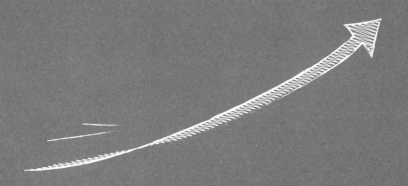

1장

비대면 교육,
넌 누구니?

코로나 19로 인해 갑자기 모든 학교가 비대면 수업으로 전환되고 학교도 가정도 초유의 경험을 하고 있습니다. 다음과 같은 모습이 비대면 수업 시대에 대부분의 가정이 겪고 있는 일상적인 풍경이 아닐까 생각됩니다.

초등학교 4학년 유찬이는 오늘도 늦잠을 자고 11시가 넘어서야 동영상 수업을 시작한다. 식탁에 앉아 밥을 먹으면서 수업은 듣는 둥 마는 둥, 30분도 채 되지 않아 장난감을 만지작거리며 놀고 있다. 엄마의 잔소리에 떠밀려 과학 과제를 시작하긴 했는데, 과제에 필요한 그림을 찾겠다고 스마트폰을 켜자마자 어느새 좋아하는 유튜버의 방송에 빠져 있다. 다음 주 월

요일은 유찬이 학년이 등교하는 날인데, 밀린 숙제며 동영상 수업이며 그때까지 다 끝낼 수 없을 것 같아 엄마는 한숨이다. 그렇다고 공부만 문제냐. 그것도 아니다. 비대면 수업을 하면서 아이가 집 안에만 있으니 더 게을러지고, 더 반항하는 것 같다. 종일 붙어 있으니 동생, 부모와도 더 자주 싸우는 것 같다. 무엇보다도 일상이 무너져서 걱정이다.

아이들은 갑작스러운 비대면 수업에 적응도 안 되고 밖에 나가 자유롭게 놀 수도 없습니다. 부모는 부모대로, 아이는 아이대로 무척이나 힘든 시기입니다. 이럴 때일수록 아이에게 윽박지르고 잔소리한다고 해서 문제가 해결되지 않습니다. 그러기에는 이런 시간이 너무 길어졌고 모두 너무 지쳤습니다. 잔소리로 스트레스 지수만 높일 것이 아니라 근본적으로 아이들을 도와줄 수 있는 방법을 찾아야 합니다. 이번 장에서는 비대면 수업 기간에 가정에서 부모가 무엇을 해 주면 좋은지에 대해 알아보겠습니다.

사실 부모들도 동영상 강의를 들어 본 경험은 있어도 전면적인 비대면 수업은 처음일 겁니다. 대비도 없이 급작스럽게 시행된 비대면 수업에 학부모나 교사나 당황스럽기는 마찬가지였습니다. 얼마나 지속될지도 모르는 불확실한 상황 속에서 '앞으로 교실이 없어질 것이다.', '교실의 역할이 바뀔 것이다.'라는 말도 많았습니다. 실제로 이 상황이 끝나도 교실의 풍경이나 수업 형태가 이전으로 돌아갈 수는 없을 것입니다. 코로나 19가 의도치 않게 미래 교육을 앞당겼고 교육도 거기에 맞춰 점차 바뀌어 가고 있습니다. 가정에서도 이번 사태를 기회로 삼아 아이의 비대면 수업을 도와줄 수 있는 방법을 찾아보면 어떨까요? 그러기 위해서는 먼저 비대면 교육의 특징을 이해해야 합니다. 비대면 교육은 컴퓨터나 태블릿, 스마트폰을 통해서 이루어지는 교육입니다. 비대면 수업은 말 그대로 선생님과 학생들이 직접 만나지 않고 수업하는 것입니다. 비대면 수업의 구체적 특징을 좀 알고 나면 훨씬 더 효과적으로 대비하고 공부를 도와줄 수 있습니다.

☑ 동영상 수업 vs 실시간 화상 수업

비대면 수업은 동영상 수업과 실시간으로 진행되는 화상 수업으로 나뉩니다. 동영상 수업은 녹화 수업으로 언제 어디서든 반복해서 볼 수 있다는 장점이 있습니다. 즉, 아이가 자신의 스케줄이나 학습 속도에 맞춰 공부할 수 있습니다. 그러나 이러한 장점이 곧 치명적 단점이 되기도 합니다. 언제 어디서나 볼 수 있다는 것은 지금 바로 하지 않아도 된다는 의미도 되기 때문입니다. 수업 시간에 교사가 일일이 출석 확인을 하지 않는 이상 아이는 조금 있다가 하겠다고 하며 무한정 수업 듣기를 미루기 일쑤일 겁니다. 동영상 수업의 장점은 아이에 따라 필요하면 천천히 볼 수도 있고 다시 반복해서 볼 수도 있다는 것인데, 초등학생 아이가 자신의 학습적 필요에 따라서 학습 속도를 조절하거나 반복 학습을 하기는 쉽지 않습니다. 그래서 결국 학습의 일상이 무너지는 치명상을 입기도 합니다.

또한 동영상 수업은 일방향이기 때문에 또래 친구들은 물론이고 선생님과도 상호 작용이 거의 없습니다. 선생님께 질문을 할 수도, 감정을 공유할 수도 없습니다. 교사도 아이들의 학습 장면을 볼 수 없으니 학생이 어디까지 이해하고 어떤 부분에 도움이 필요한지 파악하고 피드백을 주기도 힘듭니다. 토론이나 협동 학습은 사실상 불가능합니다. 그리고 학교에 따라 동영상 수업의 질도 천차만별입니다. 이런 상황에서 평소 교실 수업에서와 같은 수업 효과를 기대하기는 어렵습니다. 교육적 효과도 문제지만, 아이가 선생님이나 친구들과 상호 작용을 하거나 질문을 할 수 없기 때문에 정서적으로도 불안정할 수 있습니다. 이러다 보니 학습 효과도 떨어지고 학습 동기도 점점 사라지는 것이 당연합니다. 결론적으로 동영상 수업은 초등학교 아이에게는 큰 효과를 보기가 어려운 학습 방법입니다.

이에 비해 실시간 화상 수업은 쌍방향이기 때문에 동영상 수업의 한계를 일부 극복할 수 있습니다. 동영상 수업과의 가장 큰 차이점은 선생님, 또래들과 상호 작용이 가능하고, 질문과 답, 토론, 협동 학습이 가능하다는 것입니다. 일정한 수업 시간이 정해져 있어 아이들의 일상 스케줄도 어느 정도 유지됩니다. 물론 모니터를 사이에 두고 수업한다는 것이 어색하고 제한적일 수밖에 없습니다. 교사가 화면에 나오는 많은 학생들을 교실 수업처럼 면밀하게 파악하기도 어렵습니다. 기술적인 문제로 수업 참여가 원활하지 못하거나 수업이 일부 끊어지기도 합니다.

이처럼 동영상 수업과 실시간 화상 수업은 각각의 장단점이 존재합니다. 각 수업의 특성과 장단점을 잘 이해하고 있어야만 장점을 최대한 활용하면서 단점을 보완할 수 있습니다. 그런데 아이의 연령이 어릴수록 비대면 수업은 장점보다는 어려운 점이 더 많습니다. 현재 상태로는 교사가 해 줄 수 있는 부분이 제한적이기 때문에 부모가 비대면 수업 중에 발생하는 어려운 점을 파악하고 도와주어야 합니다. 그러면 비대면 수업이 평소 교실 수업과 비교해서 또 어떤 다른 점이 있는지 알아보기로 합시다.

☑ 달라진 의사소통과 상호 작용 방식

비대면 수업에서는 당연히 의사소통과 상호 작용 방식도 다릅니다. 앞서 21세기 핵심 역량 중 하나인 의사소통 능력의 중요성에 대해 말했습니다. 21세기의 의사소통에는 그냥 사람들끼리 만나서 얼굴을 보면서 이야기를 하는 방식 이상으로 다양한 방법이 있다고 했습니다. 코로나 19는 이러한 21세기 사회의 의사소통 방식을 교육 안으로 빠르게 끌어들였습니다. 대면 수업에 비해 비대면 수업에서 더 다양한 상호 작용 방식이 사용됩니다. 모니터를 사이에 두고 대화를 하는 화상 수업도 하고 실시간 채팅을 하거나 게시판에 질문과 답을 올리기도 합니다. 실시간 화상 수업이 익숙하지 않은 아이들은 모니터를 사이에 두고 대화하는 것이 어렵고 어색할 수밖에 없습니다. 선생님이 누구를 보고 있는지 정확히 모르는 아이들은 어디를 봐야 할지 몰라 대화의 길을 잃어버리기 일쑤이죠. 발표나 모둠 활동도 마찬가지입니다. 이런 것들은 시간이 지나면서 아이들이 화상 수업에 익숙해지면 대체로 쉽게 극복이 될 수 있기 때문에 너무 걱정하지 않아도 됩니다.

21세기에는 말을 '글'로 만들어 의사소통을 하는 경우가 훨씬 더 늘어날 것이고, 이미 우리는 그런 시대를 살고 있다고 했습니다. 비대면 수업이 시작되면서 이제 교육에서도 글로 의사소통을 하게 되었습니다. 온라인 수업 플랫폼과 온라인 공동 작업 사이트, 게시판, 블로그와 같은 도구들이 이전보다 훨씬 광범위하게 사용되고 있습니다. 특히 게시판이나 Q&A는 비대면 수업의 한계를 극복하기 위해 여러 용도로 활용됩니다. 교사는 Q&A를 통해 아이들이 모르는 부분에 대해 답을 줄 수 있고, 게시판에서는 토론의 장이 열리기도 합니다. 때로는 이러한 공간을 통해 아이들끼리 정서적 교감을 나눌 수도 있습니다. 아쉬운 대로 아이들에게 교실 밖 복도, 운동장 같은 역할을 이 공간이 대신해 주고 있는 것입니다. 이처럼 이런 도구들을 잘 활용하면 선생님, 또래와의 상호 작용이 원활해지고 학습에도 도움이 됩니다.

비대면 수업에서 이런 새로운 방식의 상호 작용이 늘 어려운 것만은 아닙니다. 성격에 따라 직접 말하는 것이 편한 아이도 있지만, 반대로 문자, 채팅으로 대화하는 것이 더 편한 아이도 있습니다. 선생님께 직접 말하거나 친구들 앞에서 질문하기를 꺼렸던 아이들이 게시판이나 이메일로는 좀 더 편하게 의사 표현을 하기도 합니다. 그러다 보니 평소에는 부끄러워 발표하기 힘들어 했던 아이들과 다채로운 상호 작용이 일어날 수 있습니다. 어떻게 보면 다양한 성향의 아이들을 포용할 기회를 비대면 수업이 열어 준 것입니다. 아이들은 여러 가지 의사소통 도구를 폭넓게 활용해 봄으로써 의사소통 능력도 함께 확장시킬 수 있습니다. 물론 누군가에게 비대면 수업은 시간이 지나도 여전히 '소통이 어려운 방식'으로 남을 수도 있겠지만, 어떻게 대하느냐에 따라 말, 글, 실시간 화상 등 다양한 방법을 활용하여 자신의 의견을 능숙하게 표현하며 의사소통 능력을 기르는 절호의 기회가 될 수도 있습니다. 아이가 수업을 잘 따라가기 위해서는 이러한 새로운 대화 방식에도 익숙해져야 합니다. 그러므로 현재 비대면 수업에서 어떤 방식의 상호 작용이 이루어지고 있는지, 아이가 대화를 하는 데 어려움은 없는지 한 번씩 살펴볼 필요가 있습니다. 대부분의 아이들이 새로운 대화 방식에 금방 적응을 할 수 있기 때문에 초반에 좀 신경을 써 주고 그 이후는 가끔씩 확인을 하는 정도면 충분합니다.

☑ 훨씬 더 많아진 미디어 수업 자료

비대면 수업에서는 교실 수업에 비해 미디어 자료가 훨씬 더 많이 활용되고 있습니다. 우선 비대면 수업 자체도 미디어를 기반으로 이루어지고 있습니다. 이런 학습은 교실에서 친구들과 선생님의 눈을 마주치며 공부하는 것과 전혀 다른 형태의 수업입니다. 원래 학교 정규 수업에서는 교사와 학생, 학생과 학생 상호간의 의사소통이 주를 이루었습니다. 교실 수업에서는 교과서와 선생님과의 상호 작용 외의 미디어 자료는 그냥 약간 부수적으로만 쓰였습니다. 그에 비해 비대면 수업은 주로 교사의 설명과 자료 제시로 이루어져 있습니다. 특히, 동영상 수업의 경우에는 거의 교사의 설명으로 이루어진 일방향 수업 방법입니다. 그렇다 보니 수업은 자칫 주입식이 되기 쉽습니다. 그래서 교사는 구성을 다채롭게 하기 위해 동영상 외에 더 많은 학습 자료를 보충으로 제공하게 됩니다.

비대면 수업 기간에는 보충 학습 자료도 대부분 미디어 자료로 나옵니다. 아이들 역시 과제를 해결하기 위해 여러 자료를 직접 찾거나 학교에서 제공한 인터넷 자료를 활용해야 하기 때문에 미디어 자료를 더 자주 접하게 되었습니다. 그러다 보니 자료 검색에 능숙하지 않은 아이는 숙제를 제대로 못 할 수도 있고, 또 자료를 본다는 핑계로 내내 스마트폰이나 컴퓨터에 매달리는 나쁜 습관이 생길 수도 있습니다. 아이가 도움이 필요한 상태인지 아니면 그만하라는 개입이 필요한 상태인지를 파악하고 부모가 적절히 지도를 해야 합니다. 부모가 지나치게 개입하면 안 되겠지만, 비정상적인 시기에는 부모의 적절한 개입이 필요합니다. 스마트폰만 들여다보고 일상이 무너져 가는 것을 그대로 방치만 해서는 곤란하기 때문입니다. 이 부분에 대해서는 다음 장에서 더 자세히 얘기를 해 보겠습니다.

☑️ 신체적, 정서적, 사회적 측면에서의 변화

비대면 수업은 그저 공부하는 방법에서만 변화를 갖고 온 것이 아닙니다. 아이들의 신체적, 정서적, 사회적인 측면 모두에서 큰 변화가 생겼습니다. 인간은 사회적 동물이기 때문에 비대면 교육에서 정서적인 외로움과 고립감을 느낄 수밖에 없습니다. 물론 혼자 공부하는 것이 편한 아이들도 있겠지만 비대면 교육에서 오는 외로움은 평소에 혼자 차분하게 공부하는 것을 선호하는 것과는 다른 문제입니다. 학교에 가지 않아 상호 작용이 거의 없는 고립의 상태, 그럼에도 공부는 해야 하는 특수한 상황이 계속되고 있습니다. 아이들은 공동체 생활을 통해 의사소통의 방법을 익히고 상대방의 감정을 읽으며 이를 헤아리는 연습을 하게 됩니다. 또한 공동체 생활을 통해 또래의 규칙을 습득하고 자신의 행동을 돌아보며 조절하는 능력도 기르게 됩니다. 그동안 이런 역할을 학교에서 담당했는데 코로나 이후 학교에 정상적으로 갈 수 없게 되자 아이들 발달에 거대한 구멍이 뚫리고 말았습니다.

누군가는 비대면 수업이 더 편하다고 말합니다. 정해진 시간에 학교에 가 책상 앞에 앉을 필요도 없고, 선생님의 눈도 피할 수 있기 때문이죠. 그러나 막상 공부를 시작해 보면 모니터를 통해 공부하는 것이 얼마나 피로도가 높은지 금세 알 수 있습니다. 피로도가 높으니 앉아 있는 시간도, 집중하는 정도도 평소보다 떨어질 수밖에 없습니다. 연령이 낮을수록 이런 현상은 더 심합니다. 그뿐 아닙니다. 학교에서 뛰놀고 이야기하며 발산해야 할 에너지를 속에 꽁꽁 가둬 놓다 보니 아이들은 더 불안해하고 짜증이 늘어납니다. 가뜩이나 스트레스 많은 부모와 같은 공간에 오래 있다 보니 자꾸 부딪히게 됩니다. 형제들과 싸움도 잦아집니다. 이 와중에 아이가 방 안 컴퓨터 앞에서 외롭게 사춘기를 시작한다면 문제는 더욱 심각해지겠지요.

즉, 비대면 수업에서 친구들을 만날 수 없고 선생님과 마주하여 배울 수 없다는 사회적 측면의 문제가 아이의 정서적 측면의 문제에도 영향을 끼치게 되는 것입니다. 이런 상황이 금방 끝난다면 그럭저럭 버텨 볼 수 있겠지만 문제는 이 기간이 얼마나 길어질지, 언제 제자리로 돌아갈지 짐작조차 할 수 없다는 것입니다. 기간이 길어질수록 우울감을 호소하거나 짜증이 늘어 가는 아이들이 생깁니다. 사회적 관계가 없어지는 것은 학업에도 영향을 미칩니다. 혼자 공부하는 기간이 길어질수록 학습 동기는 저하되기 쉽습니다. 또래 친구들과 모여 공부하고 소통할 때 얻어지는 의욕, 긍정적 감정, 거기서 나오는 시너지도 기대할 수 없습니다.

코로나 19 이전에도 온라인 수업이나 블렌디드 러닝(온라인과 내면 수업을 혼합하는 방식)이 없었던 건 아닙니다. 다만 그것은 대면 수업을 보충하기 위한 하나의 선택지였을 뿐이었습니다. 예전에는 방과 후에 인터넷 강의로 공부를 하기도 하고 나가서 뛰어놀기도 했던 것처럼 대면과 비대면이 나름 조화를 이루고 있었던 겁니다. 하지만 지금은 모든 학습과 소통이 비대면으로 획일화되어 버렸고, 신체적으로나 정서적, 사회적으로 균형이 깨져 버렸습니다. 아이들이 컴퓨터와 핸드폰만 보는 시간이 많아지고 학습은 퇴보하고 있는 것 같습니다. 이런 상황에서 학습을 잘 이어 나가려면 어떻게 해야 할까요? 무작정 손 놓고 이 사태가 끝나기만을 기다릴 수는 없습니다. 비대면 수업 기간 동안 가정에서는 무엇을 도와주어야 하고 그 기간 동안 벌어진 학습 격차나 학업 결손을 메우려면 어떻게 해야 하는지 알아봅시다.

2장

비대면 학습,
부모는 무엇을 해야 할까?

비대면 수업이 제대로 이뤄지기 위해서는 몇 가지 준비가 필요합니다. 아이 혼자서는 어렵고 부모가 먼저 나서야 합니다. 우선 기기를 준비해야 합니다. 동영상이든 실시간 화상 수업이든 스마트폰보다는 되도록 컴퓨터로 접속하게 해야 합니다. 스마트폰은 화면이 작은데 수업 중 글자가 잘 보이지 않아 집중력이 떨어집니다. 또 문자를 입력하거나 자료를 찾는 활동을 할 때 제약이 있습니다. 그리고 스마트폰으로 전화가 오거나 메시지가 들어오기도 하기 때문에 공부에 방해가 됩니다. 아이가 여러 명이어서 컴퓨터를 모두 사용할 수 없는 경우에는 노트북을 빌릴 수 있는지 알아보는 것도 필요합니다. 가끔 컴퓨터에서 실시간 화상 회의가 연결이 안 되는 경우가 발생하기 때문에 이런 경우를 대비해서 스마트폰도 준비해 놓는 것이 좋습니다.

비대면 수업 전에 오디오와 비디오, 마이크가 제대로 작동하는지 반드시 확인해야 합니다. 가끔 다른 업무로 컴퓨터 세팅이 바뀌는 경우가 있으니 매일 수업 전 간단히 확인할 필요가 있습니다. 비디오, 오디오, 마이크를 작동하고 화면 배치를 바꾸거나 채팅창에 질문을 올리는 방법 등 기본적 기능은 자녀와 함께 익혀 두어야 합니다. 그리고 기기나 인터넷의 문제로 수업에 접속되지 않을 때, 선생님과 연락을 해야 할 때는 어떻게 해야 하는지에 대해서도 미리 알아 두어야 합니다.

비대면 수업 기간 중 가장 먼저 신경을 써야 할 부분이 아이가 어디서 수업을 받을 것인지 장소를 정하는 것입니다. 무엇보다 차분하게 수업을 들을 수 있는 지정 공간을 만들어 주어야 합니다. 아이 방이 따로 있다면 자기 방에서 조용히 수업을 하면 되지만, 그렇지 않은 경우에는 어떻게 공간을 사용할 것인지 생각해 봐야 합니다. 집 안에서 가장 조용하고 다른 가족들이 왔다 갔다 하지 않는 자리를 하나 지정하는 것이 좋습니다. 아이가 침대에서 수업을 듣거나 매일매일 상황에 따라 노트북을 들고 여기저기 옮겨 다니지 않도록 해 주세요. 아이가 그 자리에서는 수업을 받는다는 마음이 들도록 해 주는 것이 중요합니다. 아이가 수업을 받는 동안 가족들이 자신의 수업 시간을 존중해 주고 있다는 느낌을 받도록 해 줍니다. 옆에서 소란스럽게 굴거나, 오늘은 이 자리, 내일은 저 자리 하는 식으로 편의에 따라 옮겨 다니게 하면 수업이 중요하지 않다는 인식을 받게 됩니다. 소음이 없는 곳에 적당한 조명과 책상, 의자를 준비하고, 필기도구와 교과서는 쉽게 찾을 수 있도록 배치해 주어야 합니다. 실시간 화상 수업의 경우 주변이 노출되므로 미리 주변 환경을 정리해 놓는 것도 중요합니다. 아이도 수업 받기 적절한 옷으로 갈아입고 있어야 합니다. 이러한 준비는 수업에 임하는 아이의 태도에 큰 영향을 미칩니다. 쉽게 말해서 집에서도 학교를 간다는 마음으로 수업에 임하는 것이 중요합니다.

수시로 바뀌는 정책으로 형제, 자매가 많은 가정에서는 등교하는 날이 헷갈릴 수도 있습니다. 그래서 수업의 종류에 따라 스케줄을 짜고 일상을 관리해야 합니다. 등교하는 날, 동영상 수업이 있는 날, 실시간 화상 수업을 하는 날, 과제를 제출하는 날, 시험 일정 등을 달력에 적어 놓고 부모는 물론이고 아이가 늘 확인할 수 있도록 해야 합니다. 조금은 낯선 스케줄처럼 보이지만 이 안에서도 자연스럽게 일상을 녹여 아이들이 일상의 리듬을 찾아갈 수 있도록 도와줄 수 있습니다.

☑ 비대면 수업 예절 가르치기

사람 사는 사회는 어디나 규율과 예절이 있기 마련입니다. 비대면 수업도 마찬가지입니다. 소셜 네트워크나 온라인상에서 친구들 간에 사용하던 언어와 태도를 수업 시간까지 그대로 가지고 와서는 곤란합니다. 비대면 수업도 엄연한 수업입니다. 당연히 수업 시간에 지켜야 할 규칙과 예절도 모두 적용됩니다. 오히려 비대면 수업은 대면 상황에 비해 의사소통의 제약이 있어 규칙과 예절을 지키는 것이 더 중요합니다. 아이가 혼자서 이런 예절을 지키는 것은 쉽지 않기에 부모의 가이드가 필요합니다. 다음 사항만 잘 교육을 하면 아이가 온라인 수업을 할 때 큰 도움을 줄 수 있습니다.

　– 기술적인 문제로 잘 안 들릴 수도 있으니 신경 써 또박또박 말한다.
　– 여러 명이 한꺼번에 이야기할 경우 의사소통이 어려울 수 있으니 교사가

지정한 순서에 따라 발표한다.

- 수업과 관계없는 이야기, 친구와 비밀 채팅, 비속어 사용을 하지 않는다.
- 표정이나 몸짓이 잘 안 보일 수 있으므로 실시간 수업 중 손 들기, 도움 요청하기 기능을 미리 익히고 활용한다.
- 되도록 평소 학교 가는 복장을 입도록 한다. 최소한 잠옷을 입고 수업에 임하는 것은 피한다.

이 외에도 게시판이나 화상 수업에서 바른 말을 사용하고 네티켓을 잘 지키고 있는지 확인해야 합니다. 또한 비대면 상황에서의 원활한 의사소통을 위해, 말을 하기 진 평소 교실에서 이런 말을 해도 될지, 누군가 나에게 이런 이야기를 하면 어떤 기분이 들지 미리 생각해 보라고 조언을 해 주세요. 마찬가지로 게시판에 글을 쓰고 이메일을 보내기 전, 내용에 문제가 없는지 꼼꼼히 확인하는 습관을 들이도록 합니다. 이런 기본적인 에티켓이 습관이 되면 나중에 성인이 되어도 업무적인 의사소통의 기본기를 다질 수 있습니다.

☑ 학습 도와주기

비대면 수업 기간 동안 가정에서 도와줘야 할 것이 많아졌습니다. 비대면 수업 기간은 어쩔 수 없이 교사가 해 왔던 역할의 일부분을 가정에서 부모가 대신 해야 합니다. 비대면 동영상 수업은 학습 방법과 학습 속도를 아이에게 맞출 수 있다는 장점이 있습니다. 따라서 아이가 스스로 자기에게 맞는 학습 방법과 속도를 찾아갈 수 있도록 도와주어야 합니다. 동영상 수업에서 아이가 집중할 수 있는 시간대를 적절하게 활용하여 스케줄 표를 만들면 좋습니다. 집중력이 짧은 아이라면 중간에 쉬는 시간을 자주 가지는 것도 하나의 방법이 되겠습니다. 오래 앉아 있기만 한다고 공부가 되는 것은 아니거든요.

만일 아이가 친구와 공부하는 것을 좋아한다면 구글 행아웃이나 Zoom을 이용해 서너 명의 공부 친구를 만들어 주는 것도 좋습니다. 친구와 함께하는 것을 좋아하는 아이들은 계속적으로 혼자서 수업을 받고 공부하는 것을 더욱 힘들어합니다. 이럴 때는 실제로 같은 공간에서 과제를 함께 하지 않더라도 Zoom을 통해서 친구와 같이 공부하고 있다는 느낌만으로도 아이는 좀 위안을 받을 수 있습니다. 비대면 수업이 되면서 실제로 많이 사용되고 있는 방법이기도 합니다. 경험해 본 많은 아이들이 도움을 받았다고 하니 아이가 혼자 공부하는 것에 너무 지치면 이런 방법도 가끔 활용해 볼만 합니다.

가끔 아이에게 오늘 무엇을 배웠는지 물어보고 내용이 이해가 안 되거나 어려운 점은 없었는지 확인해 보는 것도 필요합니다. 교사가 비대면 수업 중에는 모든 아이들이 수업을 잘 따라오고 있는지 파악하기 어렵기에 부모가 이런 부분은 확인해 보는 것이 좋습니다. 어려운 부분이 가정에서 도와줄 수 있는 것이라면 미루지 말고 그때그때 해결해 주고 같은 일이 반복되지 않도록 해야 합니다. 만일 가정에서 해결할 수 없는 문제라면 교사나 학교에 연락을 해서 해결 방안을 바로 찾아봐야 합니다. 여기서 꼭 주의해야 할 것이 있는데, 가정에서 수업한다고 해서 부모가 아이를 직접 가르치려고 해서는 안 됩니다. 아이가 모르는 부분을 도와주는 정도면 충분해요. 부모가 교사를 대신할 필요는 없고, 교사를 대신하려고 하는 순간 부모도 아이도 스트레스를 받게 됩니다. 특히, 비대면 수업 중 너무 부모가 옆에 앉아서 간섭하는, 일명 '줌 맘'이 되는 것은 피해야 합니다. 아이가 수업에 집중할 수 없고 게다가 전체 수업에도 방해가 될 수 있습니다. 실시간 화상 수업을 하게 된다면 화상 수업 프로그램의 기능에 대해 부모가 미리 알고 있으면 큰 도움이 됩니다. 요즘 아이들은 컴퓨터 다루는 데 능숙하긴 하지만 아직 힘들어하는 어린아이의 경우에는 처음에 부모가 도와줘야 합니다. 비대면 수업에 필요한 전반적인 지침 몇 가지를 더 살펴보겠습니다.

- 비대면 수업으로 인해 일상이 엉망이 되다 보니 과제를 제때 하지 못하는 경우가 많다. 그래도 절대 과제를 대신 해 주면 안 된다. 아이에게 전혀 도움이 안 되며, 자기 주도적 학습 능력을 잃게 되는 지름길이다.
- 비대면 수업의 피로감이 더 클 수 있다. 동영상 수업의 경우 한꺼번에 듣지 않고 쉬는 시간을 꼭 갖도록 한다.
- 쉬는 시간에 가벼운 운동이나 스트레칭을 한다. 이는 집중력을 높여 준다.
- 아이가 학급이나 학교 공지를 매일 확인하고 있는지 확인한다. 대신 확인해 주지 말고 아이가 확인하도록 한다.
- 학습 일정을 지키는 것은 중요하다. 일정을 잘 지키기 위해서는 너무 빡빡하게 짜지 않아야 한다. 일정이 너무 빡빡하면 금세 지치고 포기하게 된다.
- 비대면 수업을 하게 되면, 특히 동영상 수업이 많으면 하루에 수업을 얼마나 했는지 모를 때가 많다. 일주일 단위로 동영상 수업, 화상 수업, 혼자 하는 학습이 하루에 몇 시간 정도 되는지 기록을 해 본다. 이렇게 하면 아이가 집에서도 학교 갈 때와 비슷하게 수업을 하고 있는지 가늠해 볼 수 있다.

〈실시간 화상 수업을 위해서 알아 두면 편리한 기능과 팁〉

1. 카메라와 오디오 기능을 수업 전에 항상 확인한다.

2. 카메라를 한 번 미리 켜 보고 각도와 배경 등을 확인한다.

3. 집 안의 주변 환경이 신경 쓰인다면 배경을 바꿔 준다. (Zoom인 경우에 왼쪽 하단에 있는 [비디오 옆^]를 클릭하면 배경 화면을 바꿀 수 있다.)

4. 수업에 입장할 때 카메라는 켜고 오디오는 끄도록 한다. 오디오를 켜 놓으면 잡음이 생겨 선생님의 말이 잘 안 들린다. 선생님이 아이가 무엇을 하는지, 설명을 이해하는지에 대해 표정을 보고 파악하므로 카메라는 켜 둔다. 아이도 카메라가 켜져 있어야 수업에 더 적극적으로 임하게 된다. Zoom 화면 아래의 왼쪽에 [음 소거]를 누르면 음을 소거할 수 있다. 마찬가지로 [비디오 시작/중지]를 누르면 비디오를 켜거나 끌 수 있다.

5. 가능하면 헤드폰을 사용한다. 주변의 소리를 차단할 수 있어서 수업에 더 집중할 수 있다.

6. 교사가 화상 수업 프로그램의 기능을 설명했더라도 미처 다 알지 못할 수도 있다. 이때 몇 가지 편리한 기능을 아이에게 알려 주면 수업을 더 효과적으로 할 수 있다.

   [손 들기 기능] 줌의 아래쪽에 보면 손 들기 기능이 있는데, 아이가 질문을 하거나 질문에 답을 할 때 손을 들 수 있는 기능이다.

   [채팅 기능] 교사에게 말로 물어보지 않고 글로 물어보는 기능인데, 역시 줌 아래쪽의 버튼을 클릭하고 글로 써서 보내면 된다. 이때 [모두]를 선택하면 학급 전체에게, [교사(이름)]를 선택하면 교사에게만 글이 전달된다.

7. 수업을 마무리하는 과정에서 선생님이 퀴즈를 내고 채팅으로 확인하는 경우가 종종 있으니 저학년이라도 간단한 한글 타자는 능숙하게 칠 수 있도록 미리 연습해 둔다.

8. 컴퓨터 비밀번호, 아이의 Zoom ID와 비밀번호, 선생님 Zoom 방 번호와 비밀번호와 같은 것은 쪽지에 적어서 아이의 책상 가까이에 두어 다양한 상황에 대비할 수 있도록 한다.

9. 화상 수업과 병행하여 구글 기반의 사이트를 이용하여 수업의 보조 자료로 사용하는 경우가 많으니(유튜브, 구글 설문, 구글 사이트 등) 가급적 구글 아이디를 하나 만들어서 항상 로그인해 두면 편리하다.

대면과 비대면 수업이 번갈아 있을 때를 대비하여 주요 과목의 경우에는 교과서를 한 세트 더 구비해 두면 만약의 상황에 대비할 수 있고 아이들이 등교할 때 가방도 무겁지 않게 다닐 수 있습니다. 등교하는 날에는 교사와 아이들이 모두 마스크를 쓰고 있기 때문에 평소보다 더 또박또박 말을 해야 한다고 알려 주세요. 특히 초등학교 저학년 아이인 경우에는 이 상황이 더 어렵게 느껴질 겁니다. 교사도 마스크를 쓰고 있는 아이들의 표정을 다 읽을 수 없어 아이들의 필요에 즉각적으로 대응하기 어려울 수 있기 때문입니다. 그리고 이런 답답한 상황에서 약간의 참을성도 필요하다는 것을 함께 가르쳐야 합니다. 이전의 교실 수업과는 모든 게 달라졌습니다. 아이와 자주 이야기하면서 학교 수업에서 어떤 어려움이 있었는지 파악하고 함께 해결해 가려는 의지가 그 어느 때보다 중요합니다.

3장

무너진 일상
되찾기

꽃 흩날리는 2020년 4월, 초유의 '온라인 개학'이 시작되었습니다. 집에 있으면 방학이고 학교에 가야 개학인데 학교에는 오지 말고 '온라인'으로 하면서 이름은 '개학'이라니? 그러고는 급기야 해를 넘겼습니다. 그간 온라인 학습의 방법은 학교에 따라 다양해졌지만, 집에서 24시간을 보내는 아이들의 하루는 크게 변하지 않았습니다. 짜증과 분노가 치밀어 오르는 것은 너무 당연한 일입니다. 늦잠에 익숙해지고, 온라인 수업에는 열중하지 못하는, 온갖 미디어에 빠진 아이가 내 앞에 있습니다. 사실, 많은 부모들이 걱정하는 것은 학습뿐만이 아닙니다. 아이가 공부만 안 하는 것이 아니고 일상 전체가 무너지고 있기 때문입니다. 일 년이 지나고 나자 도무지 어디서부터 손을 써야 할지 난감해졌습니다. 무너진 일상을 먼저 찾아야 합니다. 공부는 그 다음입니다. 어떤 방법으로 일상을 되찾을 수 있을까요?

☑ 작전명 '일상'을 찾아라!

잃어버린 '일상'을 되찾긴 해야 하는데, 그 '일상'이라는 것은 도대체 어디에 있을까요? 어디로 사라졌을까요? 바로 우리의 시간 속에 숨어 있습니다. 코로나 19가 없던 시절에 당연히 하던 것들, 지키던 약속들. 2020년 1월 이후 집 안에서 나태해진 습관 속에 섞여 사라진 '규칙적인 일상'을 찾자는 말입니다. 이제는 우리 아이가 무엇을 잃어버렸는지, 그리고 무엇을 되찾아야 하는지 살펴봐야 할 시간이 되었습니다.

첫째, 기상 시간을 유지해야 합니다. 너무 당연한 이야기처럼 들릴 수 있겠지만 가장 중요한 출발점입니다. '자기 주도적 학습 역량'에서 소개한 바 있지만, 아이들의 기상 시간이 유지되기 어려운 이유는 두 가지입니다. 하나는 너무 무리한 목표를 잡기 때문이고, 다른 하나는 동기 부여가 되지 못하는 경우입니다. 가령, 7시에 일어나서 아침 운동을 하고, 아침을 먹고 독서를 하다가 온라인 수업에 참여하는 식의 지나치게 '원대한' 목표는 지양해야 합니다. 현실적으로 실현 가능한 정도의 시간을 스스로 정해서 꼭 지키는 성취감을 맛보게 해 주세요. 아이가 스스로 정해진 기상 시간에 일어나 아침 시간을 활용하는 즐거움을 맛볼 수 있을 것입니다.

규칙적인 기상 시간을 위해 가장 중요한 것은 충분한 양질의 수면 시간을 확보하는 것입니다. 주말이나 휴가철에 잠드는 시각이 늦어지면서 낮과 밤이 뒤바뀌는 것은 성인들에게도 흔한 일입니다. 등교라는 일상이 일주일에 한두 번씩 이루어지면서, 아이들은 마치 방학과 개학을 반복하는 것 같은 애매한 상황에 놓여 있습니다. 평소에 낮과 밤이 뒤바뀐 게으른 생활을 하다 등교일에 '오랜만에' 제시간에 일어나 졸린 눈을 비비고 학교에 가는 아이들이 적지 않습니다. 수면과 기상은 닭과 달걀의 문제와 같아서 어느 하나 독립된 문제가 아닙니다. 우선 밤에 규칙적인 수면 시간을 확보해 주도록 합니다. 야식, 전자 기기 등 숙면을 방해하는 요소는 반드시 멀리하도록 해 주세요. 제때 자고 제때 일어나는 가장 중요한 사이클을 회복해야 깨어 있는 시간을 활용할 수 있습니다. 당장 오늘 밤부터 시작해 보세요.

둘째, 아침에는 꼭 씻고 옷을 갈아입도록 합니다. 학교를 가지 않는다고 하여 아침에 씻지 않거나, 집에서 입는 잠옷을 입고 하루 종일 생활하는 경우가 많습니다. 씻지 않은 상태로 잠옷 그대로 입고 수업에 임하면 정신이 흐릿하여 제대로 집중할 수 없습니다. 별것 아닌 것처럼 보일 수도 있지만 씻고 옷을 갈아입는 행동만으로 상당히 환기가 됩니다. 아이들은 아침에 학교에 가기 위해 하는 일상적인 행동에 조건화되어 있습니다. 세수를 하고, 머리를 감고, 옷을 갈아입고, 양말을 신는 이 반복적인 행동들은 아이들에게 새로운 것을 준비하고, 시작하는 마음가짐을 느끼게 합니다. 실시간 쌍방향 수업에서 아이들에게 꼭 세수를 하고, 학교에 갈 때처럼 옷을 갈아입게 해 보세요. 또, 가방을 메고 컴퓨터를 켜면서 부모님께 '다녀오겠습니다!' 하고 인사를 하게 하는 것도 좋은 방법입니다. 이런 연출 역시 아이들의 일상에 활력을 불어넣을 수 있을테니까요.

셋째, 이번 기회에 '실현 가능한 생활 계획표'를 작성하도록 합니다. 코로나 19 이전에는 '40분 수업/10분 쉬는 시간'의 학교 생활과 여러 가지 방과 후 학습, 학원 등으로 빼곡했을 것입니다. 학교와 학원을 시간에 맞추어 가는 것과 돌아오는 것으로 스케줄이 저절로 정리되었었죠. 그러나 이러한 '공백'의 상황에서는 시간의 주도권을 아이와 부모가 직접 갖고 계획을 세워야 합니다. 종이에 작성해도 좋고, 스마트폰 어플리케이션을 활용해도 좋습니다. 계획은 짧은 시간 단위로, 구체적인 과업을 명시해 두는 것이 좋아요. 2시간 독서하기, 2시간 공부하기와 같은 긴 시간 단위의 추상적인 계획은 아이들을 늘어지게 하기 쉽습니다. 집중력이 소진되기 전에 성격이 다른 활동으로 과업을 바꾸어 환기를 시켜 주는 것이 필요합니다.

30분~1시간 정도의 상대적으로 짧은 시간 단위로 할 일을 바꾸어 주고, 중간에 짧은 쉬는 시간을 배치해 보세요. '집에서도 가능할까?' 하고 생각할 수 있습니다. 그러나 아이들은 학교생활을 통해 40분~1시간 정도의 시간을 집중하고, 쉬는 시간을 가진 이후에 다른 학습을 하는 것에 이미 익숙해져 있습니다. 코로나 19 상황에서 우리 아이가 과업에 대한 집중력이 현저히 떨어졌다면, 이렇게 학교 시정표를 본 뜬 계획표를 만들어서 활용해 보세요.

비대면 수업을 시작하면서 혼자 공부하는, 일명 '혼공' 습관을 들이는 게 유행하기 시작했습니다. 시간을 정해 놓고 그 시간은 꼭 책상 앞을 지키는 습관을 만드는 것입니다. 예를 들면 '50분 공부하고 10분 쉬는 방식으로 하루에 네 시간 공부하기' 식입니다. 같은 목적을 가진 사람들이 서로 스마트폰 화면을 켜고 책상에 앉아 각자 자신의 공부를 하는 '캠스터디'도 요새 학생들에게는 유행입니다. 물론 일상이 무너질 대로 무너진 아이들에게 하루 4시간 공부를 바로 시도하는 것은 무리일 지도 모릅니다. 시작은 작고 쉬워도 좋습니다. 그리고 이 방법이 모든 아이들에게 잘 맞는 것은 아닐 수도 있을 겁니다. 어떤 아이들은 시간을 정하는 것보다 해야 할 과제 분량을 정하는 것이 더 효과적일 수 있습니다. 그런 경우에는 처음부터 시간을 정해 주고 무조건 앉아 있으라고 하기보다는 아이가 한 번에 할 수 있는 만큼의 학습 분량을 주고 마치면 공부를 끝낼 수 있도록 하는 것이 더 효과적입니다. 처음에는 쉽고 짧게 하다가 조금씩 늘려 보세요. 곧 대면으로 학교 수업을 다시 하게 되면 수업 시간 동안 앉아서 공부를 해야 하는 일상으로 돌아가야 하니 그에 대한 준비를 시켜 줘야 합니다.

넷째, 활동의 '대안'을 제시해 주도록 합니다. 부모님들의 마음은 모두 비슷할 것입니다. 게임할 시간에 공부를 하고, 휴대폰 볼 시간에 독서를 했으면 하는 마음입니다. 그러나 어떻게 이것이 모든 아이들에게 가능할까요? 아이들은 학교를 가지 못하고, 친구를 만나지 못하며 집에만 있는 것으로 이미 충분히 힘들다는 것을 명심하세요. 아이가 '줄였으면' 하는 행동이 있다면, 잔소리보다는 더 적극적인 방법으로 대안 활동을 제시해 주는 것이 바람직합니다.

예를 들어, 유튜브에 열중하는 아이에게 '이제 그만 좀 봐!'라고 하기보다는 지친 몸을 풀어 줄 수 있는 스트레칭 영상을 유튜브로 함께 보며 몸을 움직여 보세요. 그리고 어깨가 뭉친 아빠, 허리가 뻐근한 엄마에게 안성맞춤인 운동 방법을 함께 찾아보는 것도 좋습니다. 아이들이 탐구하고, 몰입할 수 있는 다른 '활동'은 얼마든지 많아요. 많은 박물관·미술관에서 코로나 상황을 맞아 제공하고 있는 다양한 온라인 교육에 참여할 수도 있습니다. 또 다양한 '오디오 북' 서비스를 통해 책을 귀로 들으면서 상상하고, 함께 이야기를 나누어 보는 것 역시 훌륭한 활동이 될 수 있습니다.

너무 '공부스러운' 활동만 제시했나요? 이 기회를 활용해서 집에서 함께 식물을 키우는 것은 어떨까요? 양말 목, 스트링 아트 등의 공예 활동을 통해 손의 감각을 훈련하면서 미적 감각을 살릴 수도 있습니다. 코딩과 머신러닝을 지원하는 다양한 웹사이트에서 재미있는 게임을 통해 알고리즘을 배워 보는 것도 좋겠습니다. 아이의 꿈이 일편단심 유튜버인가요? 말도 안 되는 소리 하지 말라고 핀잔을 주지 말고 스스로 크리에이터로 한번 나서 보게 하세요. 아이가 자신 있는 요리, 슬라임, 게임, 운동을 다른 친구들에게 알려 주는 재능 기부 콘텐츠를 촬영해 보는 것은 어떨까요? 여기서 중요한 포인트는 현실적인 대안을 제시하라는 겁니다. 즉, 부모님들이 흔히 하는 잔소리인 "이제 게임 그만하고 공부해라."나 "유튜브 그만 보고 책 좀 봐라." 대신에 아이가 정말 흥미 있어 할 다른 활동을 대안으로 제시할 수 있어야 한다는 겁니다. 게임이나 유튜브를 보는 대신 공부를 하는 것은 너무 비현실적이니까요. 우리 아이가 게임이나 유튜브에 필적할 만큼 좋아하는 다른 활동을 할 수 있게 해 주고, 공부나 책 읽기와 같은 활동은 게임이나 유튜브 대신이 아니라 아예 다른 시간 활동으로 하는 것이 현실적인 방안이 될 것입니다.

마지막으로 적절한 보상은 필수입니다. 그 보상은 꼭 먹을 것, 게임 시간과 같은 것이 아닙니다. 일상 속의 활동에 대한 작고 세심한 피드백이 그 시작입니다. 아이들은 일상 속에서 다양한 사람들과 소통하며 내·외적인 보상을 획득하고 그것이 새로운 행동의 동기로 작용합니다. 미술 시간에 짝꿍이 건네는 '와, 멋지다!'라는 한마디, 수업 시간 선생님의 '정말 좋은 생각이구나!' 하는 작은 칭찬이 아이의 의욕을 북돋습니다. 새로운 일상의 대부분을 함께하는 부모가 아이의 작은 행동에 세심하게 반응하며 동기를 부여해 주는 것, 이것이야말로 지금의 어려운 시기에 평범한 일상을 지속 가능하게 할 수 있습니다.

이 모든 활동과 원칙을 읽으면서 부모님들은 작은 희망과 동시에 거대한 피로감이 몰려왔을지도 모르겠습니다. '어느 하나 저절로 되는 것이 없구나.'라고 탄식할 수도 있습니다. 집에 틀어박혀 있는 아이에게 준비와 노력 없이 제공할 수 있는 활동이라고는 TV 보기, 스마트폰 하기, 책 읽기 정도가 전부였다면 이제 그 일상을 바꿀 때입니다. 필요한 활동이 있다면 부모가 다양한 정보를 직접 찾아보는 노력이 필요합니다. 아이가 키우기 좋은 식물을 알아보고, 구매하고, 기록장을 만들어 주는 정도의 노력은 최소한 필요할 것입니다. 우리 아이에게 맞는 공예 활동을 찾아보고, 고민해 보는 건 어떨까요? 다양한 공공 미술관, 박물관, 도서관을 '즐겨 찾기'에 등록하여 어떤 온라인 프로그램이 운영되고 있는지 살펴보는 것을 추천합니다.

모두 코로나 19 이전의 일상을 되찾고 싶은 마음이 굴뚝같을 것입니다. 지긋지긋한 마스크를 벗고, 학교도 매일 가고, 주말에는 가족끼리 여행도 가는 상상은 이제 아련할 지경이지요. 세상은 이미 변해 버렸고, '새로운 일상'은 우리의 의지와 상관없이 이미 달려가고 있습니다. 등교가 중지되었다고, 마스크를 써야 한다고 우리의 소중한 일상까지 멈출 수는 없겠지요? 되살릴 수 있는 것은 되살리고, 과거의 일상 중 버릴 것은 버리고 새로운 일상에 적응하는 연습이 필요할 때입니다. 일상을 되찾는다는 것은 아이가 자신의 시간을 관리할 수 있는 능력을 키워 주는 것입니다. 그리고 이것은 공부를 혼자 잘할 수 있는 자기 주도적 역량과도 직결됩니다. 일상이 모여서 인생이 되고, 건강한 일상이 건강한 인간을 만들 것입니다. 그러니 결코 가볍게 여기지 말고, 작은 것부터 실천해서 일상을 만들고 유지해 보도록 합시다.

〈효율적인 일상 만들기 팁〉

1. 기상 시간을 고정하여 유지하자. (예: 평일 8시, 주말 9시)
2. 아침에는 꼭 씻고 옷을 갈아입자. 9시면 방이 교실로 변신해야 한다.
3. '집중력을 고려한 짧은 시간 단위의 생활 계획표'를 작성해 보자.

13:00~15:00	책 〈기호 3번 안석뿡〉 읽기
15:00~17:00	수학 공부하기

⇩

13:00~13:40	책 〈기호 3번 안석뿡〉 1장~4장 읽기
13:40~14:00	쉬는 시간
14:00~14:30	책 〈기호 3번 안석뿡〉 5장~7장 읽기
14:30~15:00	독후 활동(질문 만들기, 주인공에게 편지 쓰기)
15:00~15:20	쉬는 시간
15:20~16:00	온라인 수업 수학 시간 복습하기 / 수학 익힘책 풀기
16:00~16:20	쉬는 시간
16:20~17:00	문제집 3장 풀기 / 틀린 문제 오답 노트 작성하기

4. 활동의 '대안'을 제시해 주자.

　함께하는 취미 찾기: 배드민턴 관련 유튜브 영상 같이 보고 직접 하기
5. 적절한 보상을 해 주자.

　칭찬만으로도 충분하다. 행동에 대해 구체적으로!
6. 규칙적인 일상의 필요성을 알도록 자녀와 대화하자.

　"규칙적으로 생활하면 무엇이 좋을까?"

　"규칙적인 하루를 보내게 될 때, 어떤 감정을 느끼게 될까?"

　"규칙적인 생활을 하기 위해서 제일 중요한 것은 무엇일까?" 등

4장

스스로 공부하는
내 아이 만들기

　스스로 공부하고 자기 생활을 알아서 하는 것, 큰 것을 바라는 것도 아니고 그저 본인의 반복되는 일상을 스스로 알아서 챙기는 것을 바랄 뿐인데, 이게 지극히 당연하면서도 은근히 어렵습니다. 다른 집 아이들은 해야 할 일을 알아서 척척 잘한다는데, 왜 우리 아이는 그게 안 되는 것일까? 코로나 이후에 그렇지 않아도 그다지 잘 챙기지 않던 아이가 스스로 하는 일이 더 없어졌습니다. 아이와 씨름하다 하루가 다 지나갑니다. 어디서부터 잘못된 걸까요?

　우선 우리 사회가 아이들을 그렇게 만들어 왔다는 점을 간과해서는 안 됩니다. 따지고 보면 아이들 잘못도 아니죠. 대한민국의 학생들은 학교와 여러 개의 학원으로 이루어진 빡빡한 스케줄을 쳇바퀴 돌듯 돌고 있습니다. 각각의 기관에서 내어 준 '숙제'를 하고, 그 사이사이에 여가가 '겨우 끼어드는' 형태의 삶을 사는 것이죠. 워낙 짜여진 생활을 반복하기 때문에 아이들은 사소한 일상 속에서도 선택의 기회가 별로 없습니다. '부모님이 시킨', '하지 않으면 혼나는' 일들로 하루하루를 채워 가는 아이들에게 자신을 되돌아보기란 참 어려운 일일 것입니다. '자기 스스로 공부하는 것'이 중요하다는 것은 알지만, 부모들은 아이들을 믿을 수가 없습니다. 그렇기에 결과는 어떻게 될까요? '학원에서 오랜 시간을 보내고, 숙제만 해도 시간이 꽉꽉 찰 만큼' 공부를 시키고 숙제를 내 주는 학원으로 아이들을 밀어 넣게 되는 것입니다. 무언가 배우고 익히고 있다는 성취감도 있겠으나, '무엇을 해야 할지' 고민하고 선택하지 않아도 되는, '시키는 대로 하면 되는' 편안함이 더 컸다고 생각합니다.

'잘 짜여 있는 프로그램'에 익숙한 가정은 이번 코로나로 학교와 학원이 올 스톱되면서 일상의 알고리즘이 일순간 사라지는 느낌을 받았을 것입니다. 컴퓨터 프로그램 속의 알고리즘이 일순간 사라지면 프로그램은 정지합니다. 스스로 자신이 해야 할 일을 판단하고, 일의 순서를 판단하는 '알고리즘'을 만들어 왔다면 이런 긴급 상황에 잘 대처가 되었을 것입니다. 하지만 하교 후, 3개의 학원을 갔다 와서 학교 숙제와 학원 숙제를 차례대로 하면 밤이 되던 대부분의 아이들은 어떨까요? 학교 온라인 수업을 오전 중에 마쳤더니 학원마저 문을 닫은 상황은 퍽 낯설었을 것입니다. '시간을 어떻게 보내지?', '뭘 해야 하지?', '학교는 왜 할 거리를 주지 않는 거지?' 등 어쩔 줄 몰라 하는 모습이 그려집니다.

☑️ 할 일 목록 만들고 우선순위 정하기

　우선 할 일 목록을 만드는 것으로 시작해 봅니다. 아이와 함께 해야 할 크고 작은 일을 나열해 보기 바랍니다. 하루 동안의 짧은 것에서 일주일 단위로 발전해도 좋아요. 예쁜 다이어리가 아니라 연습장에 써도 됩니다. 온라인 강의 듣기, 학교에서 내어 준 수학 익힘책 풀기, 사회 위인전 조사하기, 영어 단어 외우기, 내가 좋아하는 동화 읽기 등 이렇게 자신이 해야 할 일을 스스로 써 보고 파악하는 것이 첫걸음이 될 것입니다. 자신이 해야 할 것을 간단한 목록으로 작성하여 파악하는 것만으로도 많은 것이 달라지게 됩니다. 그 다음에 가야 하는 학원이 무엇이고, 지금 당장 무엇을 해야 하는지만 생각하던 것에서 한 걸음 더 나아가면 아이는 자신의 하루를 파악하고, 일주일을 보게 될 것입니다.

　그동안 아이에게 자신의 생활과 삶을 계획하고 꾸며 나갈 수 있는 선택권을 거의 주지 않았을지도 모릅니다. 그래서 아이가 혼자 스스로 자신의 생활을 계획하고 실행하는 힘이 없는 거예요. 연습할 기회를 주지 않았으니까요. 아마 많은 부모들이 그랬을 텐데 그동안은 큰 문제 없이 그냥 흘러왔을 것입니다. 그러나 코로나 19라는 뜻밖의 복병이 생기면서 둑이 무너진 것입니다. 오히려 이런 기회가 지금 와서 다행이라고 생각합니다. 이게 아이가 가진 현실이었을 텐데 코로나 19가 아니었으면 현실을 보지 못한 채 몇 년이 더 흘러 아이가 중학교, 고등학교를 가게 되었겠지요. 그때서야 문제를 발견하는 것보다 지금이라도 문제를 파악하고 고쳐 나갈 수 있어서 차라리 좋은 기회입니다. 이 어려운 시기를 기회로 바꿀 수 있습니다. 재정비할 수 있는 절호의 기회라고 생각해 봅니다.

<매일 하는 일 점검하기>

아이가 매일 자신이 어떻게 시간을 보내고 있는지 스스로 점검하게 해 봅시다. 아래 표에서 매일 하는 활동의 시간을 적어 보고 '아주 의미 있고 중요하다(5점)'부터 '의미 없고 중요하지 않다(1점)'까지 점수를 부여하도록 하여 하루 중 어느 정도의 시간을 의미 있게 사용하고 있는지 스스로 확인해 보는 시간을 갖게 해 보세요.

내용	사용 시간	의미 점수
수면 시간		
식사 시간		
학습 시간		
친구들과 노는 시간		
미디어에 사용하는 시간(게임, 유튜브 등)		
가족들과 보내는 시간		
기타		

점검표를 만들었다면 이번에는 [해야 할 일]과 [하고 싶은 일]을 구분하게 합니다. 그리고 각각의 과업의 우선순위를 정합니다.

해야 할 일	하고 싶은 일	우선순위

처음에는 순서 없이 목록을 작성하던 과정에서 차츰 아이들은 우선순위를 스스로 발견하게 될 것입니다. 늘 일상적으로 해야 하는 것, 당장 해야 하는 급한 것, 시간의 여유가 있지만 미리 생각해 두어야 하는 것, 다른 사람의 도움을 받아야 하는 것 등. 이렇게 정리하는 과정에서 아이들은 자신이 해야 할 일을 스스로 파악하고 주체적으로 행동하게 되는 것입니다.

여기서 더 나아가면, 아이들은 자신이 각 과목별로 얼마나 공부하고 있는지, 어느 정도 이해하고 있는지, 그리고 무엇이 나에게 더 필요한지를 깨닫게 됩니다. 목록을 작성하다 보면, 늘 나의 목록에 빼곡하게 들어 있는 과목이 있고, 가까이하지 않는 과목이 있다는 것을 알게 됩니다. 이 과정에서 아이들은 나에게 더 보충이 필요한 공부는 무엇이고, 어떤 부분을 공부해야 하는지를 깨닫게 될 것입니다. 성취도가 높고 학습량도 이미 많은 과목이었던 영어 공부 시간을 조금 줄이고, 흥미가 없어서 공부량이 부족했던 수학을 좀 더 하는 식이 되겠지요. 아이들이 흔히 범하는 전형적인 실수가 '내가 잘하고, 즐거운 공부에만 몰입하는' 것인데, 이걸 스스로 깨닫기가 쉽지 않습니다. 이렇게 의도적으로 자신이 하고 있는 학습을 기록해 봄으로써 깨달을 수 있게 됩니다.

이 간단하면서도 고차원적인 과정은 이 시기를 넘어 우리 인생 전체에도 영향을 줄 것입니다. 아이들은 학교급이 올라갈수록 과목이 늘어나는 만큼 공부량도 많아집니다. 학창 시절뿐이 아닙니다. 성인이 되어 대학에 가도, 직장을 다녀도 우리는 다양한 종류의 일정과 과업에 수없이 노출이 됩니다. '나'를 잘 파악한다는 것은 지금 나의 실력과 위치를 잘 파악한다는 것이고, 나의 발전을 위해 무엇을 해야 할지도 잘 알고 있다는 것을 말합니다. 나의 발전을 위해 무엇을 해야 할지 파악하는 사람과 해야 할 일이 주어지기를 기다리는 사람의 삶의 차이는 말할 필요가 없겠지요?

그런데 아이들의 이런 중요한 발달 과정과 기회를 막는 것이 있습니다. 무엇일까요? 바로 어른들의 조바심입니다. 아이 스스로 해 보라고 했더니 엉뚱한 것을 하고 있고, 시간을 줬더니 딴짓을 하고 있다면? 잠시의 자율권은 이내 박탈당하고, 원래의 방식으로 돌아오게 됩니다. '우리 아이는 역시 하라고 시킨 건 잘하는데 스스로 찾아서 하는 건 영······.' 그리고 낙담하겠지요. 그러나 실패를 기다려 주어야 한다는 것을 명심하세요. 아이 스스로 조정하고 도전하는 기회를 가져야 합니다. 아이들은 자율적으로 행동하고, 선택하고 책임진 만큼 성장합니다.

☑ 미디어 관리하기

"유튜브는 연관 동영상에 끊임없이 다른 영상이 뜨니 아이가 멈출 줄을 몰라요. 수업 콘텐츠를 유튜브가 아닌 방법으로 제공해 주세요."

코로나 19로 시작된 원격 수업의 온라인 콘텐츠에 대해 학부모들이 학교에 요구하는 내용입니다. 자녀가 선생님들이 올려 준 유튜브 영상을 보다가 유튜브에서 제공하는 연관 동영상, 좋아할 만한 콘텐츠 때문에 수업에 집중할 수 없다는 것입니다. 모든 부모님들의 공통된 고민입니다. 어떻게 문제를 풀어야 할까요? 요새 아이들이 다 그렇다고 생각하고 넘어가야 할까요? 아니면 하루에 30분씩, 이런 식으로 정해야 할까요, 아니면 잔소리를 계속 하는 것만이 답일까요?

이번 장에서는 또 다른 중요한 문제가 기다리고 있습니다. 비대면 수업으로 인해 어쩔 수 없이 늘어난 스마트폰과 컴퓨터 사용 시간입니다. 앞에서 미디어 활용의 중요성과 활용 방법에 대해 이야기를 했습니다. 여기서는 반대로 활용하지 않는 방법에 대해서 생각을 해보려고 합니다. 미디어를 '잘' 활용하는 방법만큼이나 '활용하지 않는 방법' 또한 중요합니다. 최근 들어 부쩍 학부모들이 많이 물어보는 질문 중의 하나가 '자녀에게 스마트폰이나 컴퓨터를 하루에 몇 시간 허용하는 것이 적당한가'입니다. 많은 전문가들과 소아과 의사들이 연령별로 적절한 시간(스크린 타임)에 대한 기준을 안내하고 있습니다만, 비대면 수업이 되면서 이 기준도 여지없이 무너지고 말았습니다. 학교 수업이 비대면으로 행해지니 그동안 지켜 왔던 규칙도 무너지고 잠가 놨던 많은 것들도 어쩔 수 없이 허용하게 되었지요. 지금과 같은 비정상적인 시기에 예전에 만들어 놓았던 규칙을 그대로 적용할 수는 없습니다. 새로운 규칙을 적용해야 합니다. 규칙을 만들 때는 부모님이 독단으로 만들어서 아이에게 강요하기보다는 같이 규칙을 만들고 합의를 하는 것이 좋습니다. 그래야 아이가 책임감을 가지고 규칙을 지키게 됩니다.

그러면 규칙을 세울 때 무엇을 생각해 봐야 할까요? 우선 아이의 일상에서 컴퓨터, 스마트폰, TV를 보는 시간을 한번 적어 봅니다. 이렇게 스크린을 쳐다보고 있는 시간을 모두 합해서 스크린 타임이라고 하는데, 이 스크린 타임이 하루 중 얼마나 되는지 계산해 보는 것입니다. 특히, 스마트폰이나 컴퓨터를 사용하는 경우는 어떤 활동을 하는지 꼼꼼히 적어 봅니다. 스마트폰에서 스크린 타임을 항목별(예: 전화, 카톡, 유튜브, 소셜미디어, 창의력, 엔터테인먼트)로 정리해 주는 기능을 살펴봐도 좋을 것 같습니다. 그렇게 해보면 아이의 하루 스크린 타임과 함께 주로 무엇을 하는지 알 수 있어요. 이렇게 기록을 하는 것은 계획을 세우는 데 아주 중요한 일이기 때문에 꼭 한번 해 보시기 바랍니다. 부모님의 스크린 타임도 이렇게 함께 기록해 보면 전체 가족들의 패턴을 알 수 있습니다.

구분	TV	스마트폰	컴퓨터
시간		(게임)	(수업)
		(유튜브)	(자료 찾기)
총 시간			

스크린 타임 기록하기

아이가 써 놓은 기록을 보면서 하루 스크린 타임을 정해봅니다. 당연히 비대면 수업으로 인해 스크린 타임이 예전에 비해 많이 늘어났을 거예요. 하루에 아이가 스마트폰, 컴퓨터를 보는 시간이 너무 많이 늘어났다는 것은 다른 활동을 하는 시간이 줄었다는 것을 의미하지요. 초등 시기에는 신체적, 인지적, 정서적, 사회적 발달이 골고루 일어나는 것이 정말 중요합니다. 그래서 스크린 타임이 전반적으로 너무 늘어났다는 것은 결코 바람직한 일이 아닙니다. 그러니 아이에게는 아쉽겠지만 전체 스크린 타임을 조금씩 줄여 나가는 계획을 세워야 하겠습니다. 수업 시간을 줄일 수는 없으니 안타깝게도 비대면 수업 기간만이라도 게임과 유튜브 시간을 좀 줄이는 것이 좋겠습니다. 그 시간을 줄여서 신체적인 활동을 하거나 아이가 좋아하는 다른 활동을 할 수 있도록 유도를 해 보세요. 그래야 균형 있는 발달이 이루어질 수 있으니까요.

기록을 보면서 어느 부분을 줄일 수 있을지 아이와 논의를 하고 대신 어떤 활동을 하고 싶은지에 대해서도 이야기를 해 보세요. 스크린 타임을 줄이는 데 대한 적절한 보상을 주는 것도 필요할 것 같습니다. 또한, 스크린 타임을 줄이기 위해서는 부모님의 역할과 노력이 중요하다는 것을 잊지 마세요. 아빠는 게임을 하면서 아이는 하지 말라고 한다면 아이가 아마 왜 자기만 못 하게 하냐고 말하겠지요. 그래서 스크린 타임을 줄이기 위해서는 우리도 이렇게 할 테니 너도 이렇게 하는 것이 좋겠다는 방식이 필요합니다. 즉, 스크린 타임에 대해서는 아이만 지키는 규칙이 아니라 가족 전체가 지키는 규칙이 필요한 것입니다. 그래야 지속적으로 실행될 수 있습니다. 계획을 세워 놓고 포기하고 또 다시 계획을 세우고 포기하는 일이 없도록, 온 가족이 힘을 합해서 실천해야 합니다. 계획을 세웠다 포기했다 하는 것을 반복하게 되면 습관이 될 것이고, 이건 정말 나쁜 습관이 될 거예요. 한번 세운 계획은 되도록 달성할 수 있도록 모두가 최선을 다해 봅니다.

〈스크린 타임 규칙 예시〉

1. 스마트폰을 사용하지 않는 시간이나 장소를 정한다. 예를 들어, 식사 시간 동안 사용 금지하기, 식탁에서 사용하지 않기 등이다. 식사 시간에는 정해진 통에 가족들의 핸드폰을 넣어 두고 보관하는 것도 좋은 방법이다. 너무 많은 시간을 스마트폰이나 컴퓨터를 들여다보고 있다면, 미디어 디톡스 데이를 해본다. 요일을 정해서 하루 정도 스마트폰이나 컴퓨터를 전혀 사용하지 않는다.

2. 아이가 유튜브나 게임을 한다면 시간으로 정하는 것보다 한 편, 한 판 등으로 횟수를 정하는 것이 더 효과적이다. 게임을 하다가 못 마치고 끝내면 내내 기분이 언짢은 상태로 있을 테니 깔끔하게 하던 것을 끝내고 스마트폰이나 컴퓨터를 끄도록 한다.

3. 수업을 마쳤으니 컴퓨터 켠 김에 연달아 하고 싶은 것을 하지 않도록 한다. 수업 마치고 할 게임 생각에 수업에 집중을 못 할 수도 있고, 또 이렇게 연속으로 컴퓨터를 오래 보는 것은 바람직하지 않다. 수업이 끝났으면 일단 종료를 하고 다른 활동을 하거나 쉬었다가 다시 정해진 시간에 놀이 활동을 하는 것이 좋다.

5장

뒤처진 공부
따라잡기

코로나 19로 비대면 수업이 해를 넘기고도 계속되었습니다. 비대면 수업도 걱정이지만 그 이후도 정말 걱정입니다. 이로 인해서 생긴 학업 결손이 엄청날 것 같거든요. 코로나가 예상외로 길어지자 2020년 4, 5월 즈음부터는 많은 선진국에서 코로나가 길어질 경우에 학업 결손이 어느 정도 생길지 예상하기 시작했습니다. 그러다가 급기야 1년이 지나가게 되자 2020년 연말에는 각국에서 어느 정도 학력이 떨어졌는지를 계산해서 내놓기 시작했어요. 나라마다 학교를 닫은 기간도 다르고 비대면 수업의 형태도 달라서 결과적으로 나라마다 학업 결손 수치를 다르게 내놓은 것은 당연합니다. 그리고 학년이나 과목에 따라서도 결손 수치가 다릅니다. 예를 들어, 영국에서는 2개월 학교가 문을 닫았는데, 그 기간 때문에 중학교 영어 과목에서는 학생들이 22개월 분량의 학습이 퇴보한 것으로 나타났습니다. 이 말인즉슨, 학교 안 가서 수업을 못 한 기간보다도 몇 배로 더 많이 퇴보했다는 것입니다.

다른 나라들의 결과이지만 우리에게도 의미하는 바가 큽니다. 왜냐하면 우리도 피해 갈 수 없는 것이 코로나 학업 결손이거든요. 우리나라는 아직 정확한 통계를 제시하고 있지 않지만, 상식적으로 생각해 봐도 학업 결손은 당연한 결과처럼 여겨집니다. 학업 결손이라는 것은 아이가 자기 학년에서 배워야 할 부분을 배우지 못하고 넘어간 것을 의미하는데, 지금 여러 나라에서 내놓는 통계를 보면 배우지 못하고 넘어간 학업 결손 정도가 아니라, 작년에 배웠던 것까지도 까먹는 학습 퇴보 현상까지 생기고 있습니다. 그럼에도 불구하고 학교로 돌아가면 아이가 어느 정도 뒤쳐졌건 말건 그 학년 진도는 계속 나가게 될 겁니다. 그러면 그 차이가 점점 더 벌어지게 됩니다. 어떻게 해야 이 학업 결손을 막고 보완할 수 있을까요?

☑ 자기 학년 공부에 집중하자

우리나라만큼 선행 학습을 많이 하는 나라는 드뭅니다. 초등학교나 중학교에서의 선행 학습은 너무나 당연한 일이 되어 가고 있습니다. 저는 특별한 경우가 아니라면 선행 학습을 지지하는 편은 아닙니다만, 코로나 시기의 교육에서 더욱 주의해야 할 부분이 선행 학습입니다. 아이가 수업을 제대로 못 받았고, 학원을 다니는 아이라도 들쭉날쭉 다녀서 아마 예년과 같은 학습은 하지 못했을 겁니다. 그래서 학습이 예년에 비해 탄탄하지 않고 어쩌면 구멍이 숭숭 난 치즈 모양이 되어 있을 수도 있습니다. 아래 학년의 학습 내용이 제대로 이해가 되지 않은 상태에서 진도를 더 나가는 것은 위험합니다. 특히, 수학과 같이 완전 학습이 필요한 과목들은 더욱 그렇습니다. 제대로 학습이 되지 않은 상태에서 진도를 나간다면 모래성을 쌓는 것과 마찬가지입니다. 지금은 진도에 대한 욕심을 버리고 제 학년 내용을 탄탄하게 밟으면서 나아가야 할 때입니다. 방학 기간을 통해 다음 학기, 다음 학년에 배울 내용보다는 당분간은 이미 배운 지난 학기의 내용을 되짚어 보는 공부를 하는 것이 필요합니다.

그러면 신학기가 시작되었는데도 지난 학년이나 학기 공부가 제대로 되어 있지 않다고 해서 지난 학년 학습 내용을 내내 붙들고 있어야 할까요? 그렇지는 않습니다. 전 세계적으로 잃어버린 1년 공부를 어떻게 해야 할지에 대해 많은 논의를 하고 있는데, 대부분의 전문가들이 학기 중에 너무 복습이나 지나간 학습 내용에 매달리기보다는 지금 속한 학년의 공부에 집중하라고 합니다. 그러다가 영 이해가 안 되거나 모르는 부분이 나오면 그때 그 부분에 대한 아래 학년 내용을 보충하면서 앞으로 나아가야 학교 진도에 맞출 수 있거든요. 즉, 계속적으로 학교 수업 진도를 따라가면서 모르는 부분을 보충하는 식으로 공부를 해야 합니다. 아마 우리나라 교육부가 코로나로 인해 학습 결손이 일어난 만큼 교육과정을 아래로 낮춰 주기는 어려울 것 같고, 그렇다면 지금 정해진 학년대로 계속 학교 진도는 나가게 되겠지요. 그러니 그 진도를 따라가기는 해야 합니다.

이 말은 결과적으로 학습 시간을 늘릴 수밖에 없다는 것이지요. 그러나 안 그래도 힘든 공부를 예전의 두 배만큼 할 수는 없으니 과목별로 전략을 세울 필요가 있습니다. 어떤 과목은 아래 학년에 대한 이해가 뒷받침되지 않으면 진도를 나갈 수 없는 과목이 있고, 어떤 과목은 그래도 그나마 버티며 나갈 수 있습니다. 영어의 경우는 초등에서는 대단한 문법이나 문장이 쓰이는 것이 아니기 때문에 한 학년 공부가 좀 덜 됐다고 위 학년에서 공부가 안 되는 것은 아닙니다. 새로운 단어가 나오거나 이해가 안 되는 문장이 나오면 그때그때 외우거나 찾아보면서 해결해 나가면 됩니다. 그러나 수학의 경우에는 아래 학년에서 배웠던 연산 방법을 모르면 다음 학년의 계산식을 풀기가 어렵겠지요. 이런 경우에는 모르는 부분에 대한 기초를 다시 잡으면서 올라가야 하겠습니다. 과목별로 아이의 학업 결손이 다를 테니 과목별로 살펴보고 적절하게 시간을 배분해야 합니다. 제 학년 수업을 너무 어려워한다면 EBS 등을 이용해서 보충 학습을 하는 것도 좋은 방법이 될 수 있습니다.

6장

공부의 기초 체력에
집중하자

코로나 기간 동안 우리는 아이의 비대면 수업을 도와주는 것 이외에 무엇을 더 할 수 있을까요? 앞 장에서 얘기한 것처럼 과목별로 아이가 너무 뒤처지지 않고 제 학년 공부를 따라갈 수 있도록 도와주는 것이 일단 중요합니다. 그리고 또 중요한 것은 공부의 기초 체력을 길러 주는 것입니다. 이것은 비대면 수업과 상관없이 항상 중요한 일입니다. 그러나 코로나 시기에는 공부의 기초 체력이 더 떨어질 것이기 때문에 더욱 신경을 써야 합니다. 공부의 기초 체력이라고 하니 많은 학부모님들께서는 엉덩이의 힘을 생각할 수도 있겠는데요, 그것도 기초 체력이라면 기초 체력일 수도 있겠습니다. 그러나 여기서 강조하고자 하는 것은 배우는 것을 즐길 줄 알고 책을 좋아하는 것과 같이, 어찌 보면 아주 진부한 기초 체력입니다.

☑ 기초 체력 기르기의 최강자는 역시 독서

코로나로 인하여 학교를 가지 않게 되면서 덩달아 일상도 무너지고, 집에 있는 시간이 길어지다 보니 책보다는 유튜브나 게임을 더 많이 접하게 된 아이들이 많아졌습니다. 이렇게 자극적인 콘텐츠만 계속적으로 접하게 되면 배우는 재미나 책을 읽는 즐거움에서 점점 멀어지게 됩니다. 사실, 전 세계적으로 아이들이 독서를 하는 시간이 점점 줄고 있다고 합니다. 영어나 수학, 사회 내용 몇 가지 놓치는 정도는 책을 읽고 배우는 즐거움에서 멀어지는 문제에 비할 바가 아닙니다. 책과 멀어지고, 배우는 즐거움을 갖지 못한다면 앞으로 공부가 너무 재미없고 험난해지기 때문입니다. 공부의 기초 체력을 탄탄히 하기 위해서는 책 읽는 습관을 놓치지 않도록 해 주세요. 독서의 중요성은 정말 끊임없이 말하고 있음에도 사실상 잘 지켜지지 않고 있습니다. 이거 저거 다 말해 봐도 역시 공부의 기초 체력 기르기의 최강자는 동서고금을 막론하고 아직까지는 독서입니다.

독서를 할 때는 부모님이 아이가 읽었으면 하는 책이나 추천 교양 도서 목록보다는 아이가 좋아하는 책을 스스로 골라서 읽는 것부터 시작하는 것이 중요합니다. 훌륭하지만 재미없는 책을 전집으로 사 주고 다 읽으라고 하는 것은 아이로서는 너무 곤혹스러운 일일 것입니다. 특히 처음 시작할 때는 아이의 흥미와 호기심을 존중해 주세요. 거기서부터 시작해야 합니다. 아이가 책을 읽는 방법에 대해서도 너무 걱정을 안 해도 됩니다. '아이가 책을 끝까지 못 읽어요.', '책을 이거 읽다 저거 읽다 해요.', '같은 책만 여러 번 계속 봐요.', '좋아하는 주제만 내내 봐서 책 편식이 심해요.' 등 독서 습관에 대한 걱정을 자주 듣습니다. 책에서 멀어지지만 않는다면 다 괜찮습니다. 끝까지 읽지 않아도, 순서를 차례대로 읽지 않아도, 이 책 저 책 읽어도 다

괜찮습니다. 그런 것들을 너무 고치려고 하지 말고 아이가 좋아하는 대로 읽도록 두면 성장하면서 자연스럽게 필요에 따라 다른 책도 읽고, 끝까지 읽기도 하게 됩니다. 우리의 독서 습관을 봐도 어떤 책은 차근차근 차례대로, 어떤 책은 중간만, 어떤 책은 끝에서부터 필요에 따라 읽고 있습니다. 안 읽는 것이 문제이지, 책 읽는 방법은 크게 문제가 되지 않습니다.

그러면 아무 책이나 봐도 되는 걸까요? 그렇지는 않습니다. 독일 출신의 정치사회학자 막스 베버(Max Weber)는 '두 번 읽을 필요가 없는 책은 한 번 읽을 필요도 없다.'라고 말했습니다. 그만큼 양질의 책을 보는 것이 중요하다는 말이지요. 앞서 아이의 흥미를 존중해 주어야 하고 부모의 욕심대로 강요하면 안 된다고 했는데 그러면 어떻게 해야 할까요? 정말 어려운 일이지만 이 둘 사이의 균형을 잘 맞추어야 합니다. 아이와 적당히 협상도 하고 유도도 해 볼 수 있습니다. "저번에는 이런 책을 읽었으니 이번에는 이걸 읽어 보면 어떨까? 엄마도 관심 있는데 같이 읽어 보자." 또는 "아빠와 누가 먼저 읽는지 해 볼까?"와 같이 유도를 해서 놀이처럼 만들어 보아도 좋습니다. 또는 아이가 원하는 책 한 권, 아빠의 추천 도서 한 권으로 골라도 좋습니다. 강요하지 않고도 자연스럽게 좋은 책을 읽을 수 있는 방안은 많습니다. 그렇게 해서 아이에게 다양한 주제로 양질의 책을 접할 수 있도록 해 줍니다.

☑ 좋은 독서 습관 기르기

어릴 때부터 매일 조금씩이라도 독서하는 습관을 들이면 평생 동안 도움이 되는 습관이 됩니다. 부모가 소리 내어 읽어 주기, 같이 읽기, 아이가 읽어 주기 등 다양한 방법을 통해서 부모와 함께 시작하는 것이 좋습니다. 초등학교에 들어가서 아이가 책을 혼자 읽을 수 있게 되어도 여전히 이 방법은 유효합니다. 특히, 초등 저학년의 아이라면 부모와 함께 책을 읽으면서 독서의 즐거움을 배워 가게 됩니다. 좋은 독서 습관을 들이기 위한 몇 가지 팁을 제시해 보겠습니다.

- 조금씩이라도 매일 읽는 습관을 들인다. 매일 같은 시간에 독서하면 더 효과적이다.
- 집에 독서 장소를 아늑하게 마련하는 것도 좋다. 꼭 대단한 장소일 필요도 없고 아이가 좋아하는 의자나 자리를 마련해 주고 조그만 박스나 책장에 좋아하는 책과 그 주에 읽을 책을 비치한다.
- 엄마나 아빠도 독서 장소에서 아이와 같이 책을 읽는 시간을 마련한다.
- 독서 장소에서는 컴퓨터, 스마트폰 등을 사용하지 않도록 한다.
- 아이의 흥미에 따라 책을 골라 읽을 수 있도록 해 주되, 궁극적으로는 다양한 주제의 책을 접할 수 있도록 유도한다. 아빠가 옆에서 책을 읽으면서 재미있다는 반응을 함으로써 아이가 흥미를 가지도록 할 수 있다.
- 서점과 도서관을 규칙적으로 방문한다. 한 달에 한두 번 가족 행사처럼 하면 좋다.
- 독서 장소 이외에도 집의 여기저기에 책이 있으면 도움이 된다. 많은 전문가들이 '책으로 둘러싸여 있는 아동 시기'의 중요성에 대해 이야기한다.

7장

부모와 자녀가 모두 행복한 상호 작용 방법

코로나 이후 많은 곳이 운영을 중지했습니다. 즐겨 가던 가게가 문을 닫기 시작했고, 아이들이 뛰어놀던 공원은 텅 비었습니다. 아이들은 어디서 무엇을 하고 있을까요? 밖에 못 나가는 김에 집에서 책도 읽고 밀린 공부도 하면 되는 것 아니냐고요? 애들이 설마 그렇게 해 줄 리가요. 그리고 그게 꼭 바람직한 것도 아닙니다. 우리는 어린 시절 즐겁게 뛰어놀던 것을 그저 유년의 아름다운 추억 정도로 여기는 경향이 있습니다. 하지만 별거 아닌 것 같은 그 '놀이'가 성장 과정에 엄청난 영향을 미친다는 걸 간과해서는 안 됩니다. 기본적으로 인간은 놀이를 통해 에너지를 발산하고, 인간 본능인 유희의 욕구를 충족합니다. 그뿐 아니라 놀이를 통해 타인과 상호 작용하고, 사회성을 습득하며, 자신의 모습을 조정하는 법을 배우게 됩니다.

☑ 아이를 가장 잘 드러내는 시간, '놀이'

바깥에서 삼삼오오 모여 대충 선을 그어 놓고 피구를 하는 아이들을 떠올려 봅시다. 단순히 편을 나눠 대충 공을 맞히는 놀이 정도로만 생각할 수도 있겠지만 그렇지 않습니다. 일단 공을 맞히고 피하는 과정에서 아이들은 즐거움도 얻지만, 공을 원하는 곳으로 정확히 던지는 법과 그것을 피하는 순발력도 기릅니다. 좀 더 들여다보면 피구는 끊임없이 상호 작용과 조정이 이루어지는 아이들의 작은 사회이기도 하지요. 놀이 중에 아이들끼리 누가 공에 맞았는지 누가 금을 밟았는지 모든 것을 정확하게 판단할 수는 없습니다. 이럴 때마다 아이들은 양보하기도 하고, 그냥 넘어가기도 하면서 인내심과 배려를 배웁니다. 규칙의 소중함을 알고 존중함과 동시에 모든 것이 규칙으로만 해결될 수 없다는 것도 경험하게 되는 것이지요. 이처럼 단순한 놀이에서 변화무쌍한 장면이 연출되고, 아이들은 매순간 끊임없이 상호 작용하면서 스스로의 행동을 조정하고 성장하는 것입니다.

아이들은 놀이를 통해 또래들과 소통합니다. 부모나 교사는 규칙을 지켜야 한다고 말로 가르치지만, 아이들은 놀이 속에서 스스로 규칙을 만들고 그것을 존중하는 법까지 배웁니다. 더 재미있는 놀이를 위해 아이들은 종종 규칙을 바꾸기도 합니다. 그러다 의견이 일치하지 않으면 싸움이 나기도 하지요. 때로는 규칙을 어겨 놀이에서 배제되거나 또래 관계에 문제가 생기기도 합니다. 아이들에게 이것은 어른에게 혼나는 것보다 훨씬 끔찍한 상황일지도 모릅니다. 아이들은 즐거운 놀이를 계속하기 위해 서로 조금씩 양보해야 하고, 다시 화해해야 한다는 사실을 몸소 깨닫게 됩니다.

지금은 잠시 사회적 거리 두기로 아련한 옛날이야기처럼 되어 버렸지만, 쉬는 시간 교실에서 삼삼오오 모여 보드게임에 몰두한 아이들을 관찰해 보면 아이들의 솔직한 언어 사용이 보입니다. 감정을 표출하는 방식도 보입니다. 또래와의 문제, 갈등을 풀어 가는 방식도 모두 보입니다. 이렇듯 놀이는 아이들이 놀면서 배우는 위대한 성장의 과정입니다. 부모와 교사에게는 아이에 대한 정보를 그 어떤 때보다 풍부하게 제공받을 수 있는 기회이기도 합니다. 즉, 아이들은 놀이를 통해 많은 것을 배우고, 따라서 아이들에게 있어서 놀이는 곧 학습 그 자체입니다. 놀이 속에서 사회성과 정서적 발달이 일어납니다. 그래서 코로나가 불러온 이 위기는 학습 결손뿐 아니라 놀이의 부재이며 놀이의 위기이고, 그것이 곧 성장의 위기인 것입니다.

☑ 놀아 주지 말고, '함께 놀아라'

이 책 여기저기서 코로나 때문에 학교를 가지 못하니 교사의 빈자리를 어쩔 수 없이 부모가 채워 줘야 한다고 했습니다. 안타깝게도 할 일이 또 생겼습니다. 아이의 공부도 봐줘야 하지만 아이의 사회성 발달을 위해서 아이와 놀아 주기도 해야 합니다. 왜냐하면 앞에서 말한 것과 같이 아이에게 놀이는 학습이고 발달과 성장에 너무나 중요한 활동이거든요. 그러나 부모와의 놀이는 자녀의 어린 시절, 단순히 부모가 '놀아 주던' 방식과는 달라야 합니다. 앞서 설명한 놀이의 속성을 경험할 수 있도록 노는 것도 '제대로' 놀아야 한다는 것입니다.

부모와 자식 간의 놀이는 부모가 일방적으로 자녀와 '놀아 주는' 형태가 많습니다. 아이의 유아기에 무조건 아이가 좋아하는 식으로 놀아 주던 습관이 그대로 남아 있는 건지도 모르겠습니다. 다섯 살짜리 아이를 대하듯 무조건 져 주고, 잘한다고 칭찬만 하는 방식은 안 됩니다. 학교에서 또래 관계를 경험하며 훌쩍 성장한 고학년 아이의 놀이 방식은 그것과는 달라야 합니다. 어린 시절의 놀이보다 더 체계적이며, 명확한 규칙이 있고, 다양한 종류의 상호 작용이 필요합니다. 때때로 부모가 놀이의 규칙이나 승패에 다소 무관심한 태도를 보이는 것은 아이들에게 이 상황이 귀찮다는 시그널이 될 수 있습니다. 물론 코로나 상황에서 심신이 지친 부모가 자녀와의 놀이까지 책임진다는 것은 매우 어려운 일입니다. 그러나 이왕 노는 것, 동등한 친구 입장이 되어 함께해 보는 건 어떨까요?

'제대로 된 놀이'를 통해 부모는 아이들에 대해 많은 정보를 얻을 수 있습니다. 앞서 말한 바와 같이 놀이를 하며 아이가 반응하는 언어는 가장 자연스러운 것입니다. 이를 통해 평소 자녀의 언어 습관을 파악할 수 있습니다. 놀이에서 생기는 다양한 문제를 해결하고 조정하는 과정은 자녀가 문제를 원만하게 해결하는 타입인지, 다소 융통성 없이 원칙에 호소하는 타입인지, 아니면 소극적이며 회피하는 성격인지도 알려 줍니다. 부모는 자녀가 또래 관계에서 주로 어떤 방식으로 상호 작용하는지 짐작해 볼 수 있습니다. 그리고 아이가 아직 저학년이라면 이런 놀이를 통해서 부모에게서 언어를 배우게 됩니다. 놀이가 아이의 언어 발달에 지대한 영향을 미치는데 코로나로 인해서 친구들과 놀이를 할 수 없고 이런 상황이 오래 지속된다면 언어 발달도 느려질 거예요. 그래서 친구들과 놀 수 없는 만큼 부모와 함께 놀이를 하면서 언어도 자연스럽게 발달시킵니다.

놀이가 즐거움보다 잔소리와 교훈으로 가득한 시간이 되지 않도록 주의하세요. 놀이는 아이들이 즐겁게 몰입하고, 적극적으로 상호 작용하는 것만으로 충분합니다. 그 자연스러운 과정에서 아이들이 스트레스를 해소하고, 즐기고, 성장합니다. 그리고 또 하나, 놀이 한두 번 같이 했다고 바로 아이의 학업 성적이나 생활 태도를 상담하는 것은 피합니다. 아이들은 보드게임을 하면서 수학 공부를 잘하고 있는지 묻는 친구는 가까이 하지 않습니다. 사춘기에 진입하는 아이를 위해 부모가 할 수 있는 최선은 앞에서 끌고 가는 것이 아닙니다. 뒤에서 밀어 주는 것도 아닙니다. 그저 일정한 거리를 두고 뒤에 서서 아이가 스스로 걸어가는 것을 응원하는 것입니다. 그리고 도움이 필요하거나 힘들 때 언제든 기댈 수 있는 아이의 든든한 정서적 지원군이 되어 주는 것입니다.

〈코로나 기간 중 상호 작용〉

비대면 수업이 진행되면서 아이들은 학교에 가지 못하고 친구들을 만나는 시간이 급격히 줄어들었습니다. 아이들에게는 놀이가 곧 학습이고 성장인데, 아이들의 성장 발달에 중요한 부분 하나를 잃어버리게 된 것이죠. 노는 중에 언어를 배우고 사회성이 발달합니다. 놀이 시간의 부재는 아이의 사회적, 정서적, 신체적 발달에 지장을 초래합니다. 코로나 때문에 잃어버린 놀이 시간을 엄마, 아빠가 찾아 주어야 합니다. 이를 통해 아이는 소통 방식과 규칙을 배우고 사회성을 발달시킬 수 있습니다. 그러나 부모가 채워 주지 못하는 부분도 있겠지요. 그럴 때는 줌이나 행아웃과 같은 화상 시스템을 사용해 15분이라도 친구들과 얼굴 보고 이야기할 시간을 확보해 줍니다. 아이들은 이 짧은 시간을 통해 코로나 기간 중에도 혼자라는 느낌을 지울 수 있을 것입니다. 이런 다양한 활동을 통해 스트레스가 심할 우리 아이의 심리를 보듬어 주어야 합니다.

☑ 자녀에게 집중하는 퀄리티 타임

아이들과 함께할 때 되도록이면 의미 있는 시간을 만들어야 합니다. 긴 시간만 함께 보낸다고 다 의미 있는 것은 아닙니다. 소파에 앉아 있는 아빠와 아들을 떠올려 봅시다. 아빠는 TV를, 아이는 본인의 핸드폰만 보고 있다면 절대 상호 작용은 일어나지 않습니다. 아무리 긴 시간 함께 있어도 이런 시간은 무의미한 것입니다. 이럴 때 필요한 것이 '퀄리티 타임'입니다. 퀄리티 타임은 같이 있는 사람에게 온전히 집중하고 모두가 만족스러운 시간을 보내는 것을 말합니다. 즉, 어느 한쪽만 좋아서도 안 되는 것이고, 집중하지 않고 다른 일을 하면서 시간을 보내는 것도 퀄리티 타임이 아닙니다.

얼마나 오래 같이 시간을 보내느냐는 그리 중요하지 않습니다. 퀄리티 타임에서 제일 중요한 것은 오롯이 아이에게만 집중하는 것입니다. 이때 부모는 아이의 관심사와 흥미에 대해 이야기를 나누면서 관심을 표현해야 합니다. 무엇보다 아이가 전폭적인 관심과 사랑을 받고 있다는 느낌을 주어야 합니다. 만일 가정에 자녀가 둘 이상이라면, 가끔씩 퀄리티 타임을 따로 가질 것을 권합니다. 한 아이에게만 집중할 때 그 아이와 진정한 유대감을 형성할 수 있기 때문이지요. 아이들은 같이 놀기도 하지만, 가끔은 엄마나 아빠를 독차지하고 싶고 자기한테만 집중해 줬으면 합니다. 아이가 둘 이상일 때는 이런 시간을 내기가 어려운데, 가끔이라도 따로 퀄리티 타임을 가져 보세요. 아이의 행복 지수가 상승할 것이고 정말 깊어진 유대감을 느낄 수 있을 것입니다.

아이와 좀 더 나은 유대 관계를 원한다면 다음과 같은 사항들을 따라 해 보세요. 아이와 더 원만한 상호 작용을 할 수 있습니다.

- 아이가 필요로 할 때 부모가 항상 옆에 있다는 느낌이 들도록 한다.
- 잘 들어 주고 공감을 표한다.
- 아이의 관심사에 대해 관심을 갖고 아이의 선택을 존중한다.

– 아이와 한 약속을 반드시 지킨다(그래야 신뢰 관계가 형성된다).

– 아이의 기분과 의견을 존중한다.

– 함께 이야기할 때는 각종 디지털 기기는 꺼 놓는다.

– 가족 간에 지켜야 할 간단한 규범을 정한다.

아이를 존중한다는 것이 규범이 없다는 걸 의미하는 건 아닙니다. 가능한 일과 하지 말아야 할 일에 대해 분명한 경계와 규범은 존재해야 합니다. 아이가 성장함에 따라 부모의 역할과 해야 할 일들도 달라집니다. 아이의 발달 과정에 맞춰 상호 작용 방법도 적절하게 바꿔 나가야겠지요. 아이에게 엄마, 아빠의 일을 도와줄 기회를 주는 것도 유대감을 높일 수 있는 좋은 방법입니다. 매일 함께 할 수 있는 활동을 정해 놓는 것도 좋습니다. 예를 들어, 자기 전에 이야기를 읽어 주는 시간을 가질 수 있습니다. 좀 더 크면 아이와 함께 할 수 있는 운동이나 취미 생활을 찾아보는 건 어떨까요? 이때 부모는 자신의 의견보다 아이의 자율성을 더 많이 보장해 주어야 합니다. 너무 당연한 얘기 같지만, 사실 아이의 자율성을 보장해 주는 것이 말처럼 쉽지 않습니다. 부모는 내 아이를 위해서 뭐가 더 좋은지 내가 잘 알고 있다고 생각하기 때문에 그렇습니다. 그런 생각을 좀 내려놓아야 아이와 진정으로 더 깊은 유대를 쌓을 수 있습니다.

착실하던 아이들도 고학년이 되면 사춘기가 오고 정서적으로 불안정해질 수 있습니다. 이럴 때는 아이가 마음을 터놓고 부모와 이야기할 수 있는 분위기를 만드는 것이 중요합니다. 또한 고학년이 되어 학업의 중요성이 커지더라도 부모가 일일이 간섭하지는 말아야 합니다. 물론 그것이 무관심이 되어서는 안 되겠지요. 아이의 시험 점수도 중요하지만 교우 관계, 학교에서 있었던 일에 관심을 갖고 지켜봐야 합니다. 아이가 어릴 때 쌓은 부모와의 상호 작용과 유대감은 아이에게 정서적 안정감을 주고, 평생을 지탱할 수 있는 큰 버팀목이 될 것입니다.

〈퀄리티 타임 에피소드〉

현준이 엄마는 현준이와 책을 읽으며 퀄리티 타임을 갖기로 마음먹었다. 아이는 별로 내 켜하지 않았지만 일단 엄마 옆에 앉았다. 엄마가 책을 읽어 주는 동안 아이는 계속 슈퍼 히어로 피규어만 만지작거리고 있다. 답답해진 엄마가 현준이의 관심을 책으로 돌리기 위해 피규어를 치워 버렸다. 그러자 현준이는 화를 내며 방으로 들어가 버렸다. 화가 난 엄마는 현준이를 야단치고 그렇게 퀄리티 타임은 끝나 버렸다.

〈아주 흔한 광경이다. 다음과 같이 해보면 어떨까?〉

현준이 엄마는 책을 가져와 현준이와 함께 읽으려 했지만, 현준이는 슈퍼히어로 피규어 만 갖고 논다. 엄마는 책을 치우고 현준이에게 말했다.

엄마: 그건 누구니?
현준: 아이언맨요.
엄마: 그럼 저건 누구야?
현준: 저건 블랙팬서요. 얘는 날아다닐 수 있고, 얘는 모든 걸 얼음으로 바꿀 수 있어요.

엄마의 관심에 신이 난 현준이는 자신의 슈퍼히어로 피규어에 대해 계속 설명했다. 둘의 대화는 20분 이상 계속됐다. 다음 날 엄마는 슈퍼히어로 책을 몇 권 사 왔다. 그리고 현 준이와 함께 책을 읽으면서 피규어로 역할극도 해 봤다. 아이는 블랙팬서에 나오는 것과 같은 물질이 있는지 궁금해하고, 다음에는 과학책을 찾아봤으면 좋겠다고 말했다.

〈현준이 엄마는 퀄리티 타임을 갖는 데 성공했다. 현준이 엄마가 한 행동을 살펴보자.〉

1. 아이를 위해 관심을 갖고 함께 무언가를 하려고 했다.
2. 아이의 관심사에 관심을 가짐으로써 유대감을 형성했다.
3. 아이의 관심사에 맞춰서 자연스럽게 책 읽기를 시도하였다.
4. 아이의 호기심을 더 큰 영역으로 발전시켰다.

8장

또래 관계의 변화에
어떻게 대응할까?

코로나로 인해 학부모 상담 기간 중 교사들과 부모들이 나누는 대화의 양상도 많이 달라졌습니다. 선생님들은 이전에 비해 만나는 횟수가 턱없이 줄어든 상황에서, 아이들에 대해 지나치게 많은 것을 아는 척을 하기도 민망할 것입니다. 부모 역시 어서 상황이 나아져 이전처럼 매일 등교해 즐거운 학교 생활을 하면 좋겠다는 바람만 전달할 수밖에 없습니다. 코로나 이전 선생님과 부모님이 마주 앉으면, 조심스럽지만 예외 없이 꺼내는 주제가 바로 자녀의 '교우 관계'였습니다. 교실에서 친구를 잘 사귀고 있는지, 친구들과 별 탈 없이 지내고 있는지는 모든 부모들의 초미의 관심사였습니다. 자녀의 교우 관계에 무엇이든 도움이 되는 방법을 찾고 싶은 마음이었겠지요. 어쩌면 학교에서 잘 지내고 있다는 말을 듣고 안도하고 싶은 마음일지도 모르겠습니다.

☑ 변화하는 또래 관계를 자연스럽게 받아들여라

부모는 자녀의 또래 관계 변화를 면밀히 관찰할 필요가 있습니다. 그 변화는 보통 초등학교 3~4학년부터 나타나기 시작합니다. 그 이전에는 아이들이 뚜렷하게 무리를 짓거나 단짝을 찾는 경향이 별로 없습니다. 한 반이니까 함께 놀고, 같은 놀이를 좋아하면 그냥 놀고, 엄마끼리 친하니까 모여 노는 식입니다. 이 시기의 친구는 '함께 노는 사람' 정도로 인식됩니다. 이때는 교우 관계에 문제가 생겨도 부모나 교사가 개입할 여지가 많은 편입니다. 아이들도 새로운 친구나 소외되는 친구에게 대체로 친절하며, 거부감 없이 새 친구를 받아들입니다.

하지만 고학년이 되면 아이들의 또래 관계는 상당히 복잡해지는데, 자아 정체성이 점점 뚜렷해지기 때문입니다. 더 이상 옆에 앉아 있다고 같이 놀지 않습니다. 내가 좋아하는 친구가 생기고, 내가 친해지고 싶은 특별한 '그 친구'가 생기는 겁니다. 서로 마음이 맞는 친구들끼리 뭉쳐서 시간을 보내고, 더 비밀스러운 이야기를 공유하고 싶어 합니다. 동시에 친구들에게 보여지는 나의 모습을 상당히 의식하기 시작하지요. 다양한 이유로 무리에 끼지 못하거나 소외되는 아이가 생기기도 합니다. 이런 현상은 따돌림보다는 사춘기에 접어들면서 아이들의 또래 관계가 다시 만들어지는 과정의 일부로 보는 편이 맞습니다. 이런 경우 친구 관계를 파악하고 상담을 진행해 보지만, 특정 친구에 대한 의도적인 적개심이 있는 경우는 별로 없습니다. 그저 더 좋아하고, 더 친해지고 싶은 친구들과 관계를 정립하는 과정에서 생기는 파열음일 뿐입니다.

"유치원 때부터 친하게 잘 놀았는데 4학년 들어서는 서로 잘 안 맞는 것 같아요.", "저학년 때는 엄마들도 같이 만나서 집에서 자주 놀았는데 요새는 통 데리고 오는 일이 없네요."와 같이 부모가 또래 관계의 변화를 포착하지 못한 채 당황하기도 합니다. 시간이 흐르면 아이의 또래 관계도 자연스럽게 변합니다. 이런 경우에는 서로 맞지 않는 친구와의 회복을 기대하기보다는 새로운 친구를 사귀기 위한 조언을 해 주기 바랍니다. 성향이 비슷하거나, 취미를 공유하면서 교우 관계를 새롭게 정립해 나가는 편이 좋다는 겁니다. 학년이 올라가면서 성격도 성향도 달라 멀어진 옛 친구와 우정을 이어 주려고 노력하는 부모들이 많습니다. 건강한 또래 관계를 회복한다면 다행이지만, 대부분은 헛수고로 돌아갑니다. 억지로 관계를 회복하려는 것은 아이들에게도 스트레스이며 상처로 남습니다. 어차피 영원한 우정이란 존재하기 어렵습니다. 그 나이대의 아이들이 성장하는 데에 있어서 또래와의 건강한 관계의 중요성을 존중하고 인정해야 합니다.

☑ 또래 관계, '겉'이 아닌 '속'을 보자

변하는 또래 관계에 흔들리지 말고 이것을 자연스러운 현상으로 받아들이는 자세가 필요하다고 앞서 언급했습니다. 그렇다면 지금 함께 잘 놀고 있는 친구라면 다 괜찮은 걸까요? 기본적으로 성향이 잘 맞고 서로를 배려하는 관계인 경우가 많겠지만 그렇지 않은 경우도 있습니다. 그렇기 때문에 자녀가 친구를 대하는 태도와 상호 작용하는 방식을 자세히 관찰해야 합니다. 이것은 사춘기라는 인생의 특별한 시기에 관련된 것이 아니라, 인간이 다른 사람과 관계를 맺는 방식에 관련된 이야기입니다.

인간은 주변의 많은 사람들과 관계를 맺고 살아갑니다. 그리고 우리는 다른 사람을 차별하지 않고 서로 배려하며 존중하라고 배웁니다. 하지만 선량

하고 평범한 시민들도 완벽하게 정의롭지는 않습니다. 은연중에 함부로 대하는 친구도 있고, 반대로 좀 어려운 친구도 있습니다. 같은 상황에서도 우리는 상대가 누구냐에 따라 말과 행동이 달라집니다. 좀 편하고 만만한 친구에게는 옷이 그게 뭐냐고 지적하기 쉽지만, 어려운 사람에게는 얼굴에 묻은 티끌 하나 언급하기 조심스러운 법이지요. 성숙한 어른들의 관계에서도 이러한 '힘의 불균형'은 엄연히 존재하는 불편한 진실입니다. 이런 약간의 비열함은 아이들의 또래 관계에도 여지없이 적용됩니다. '힘의 균형'을 깨뜨리고 강자와 약자를 만듭니다. 그 관계의 이름은 '친구'라는 탈을 쓰고 있습니다. 이런 양상은 아이들이 신나게 노는 데서 한 발짝 떨어져 흐뭇하게 바라보는 것만으로는 절대 눈치챌 수 없습니다. 평소에 자녀의 놀이를 관찰하고 지속적인 대화를 나누며 자세히 살펴보아야 알 수 있는 부분입니다.

학기 초, 서로 낯선 아이들이 한 학급에 모여서 1년 생활을 시작합니다. 약간의 시간이 흐르면 아이들은 저마다 친구를 사귑니다. 그러나 교실에서도 이상하고 미묘한 기류는 어김없이 포착됩니다. 가령, 한쪽은 다른 쪽 친구의 물건을 빌리는 데에 주저함이 없지만, 다른 쪽은 그렇지 않는 경우가 있습니다. 한쪽은 다른 쪽의 별명을 부르며 자연스럽게 놀리지만 다른 쪽은 별명을 부르지 못하기도 합니다. 한쪽은 무슨 일이 있을 때 다른 쪽을 기다려 주지만, 다른 쪽은 그러지 않습니다. 지금 학교 폭력의 사례를 이야기하는 것이 아닙니다. 겉으로 보았을 때 자타가 공인하는 친한 '친구' 사이에도 이러한 힘의 불균형은 발생합니다. 심지어 이 관계에서 주도권이 없는 쪽의 아이는 대체로 약간의 불편함과 모욕을 감수하면서까지 이 친구 관계를 유지하고 싶어 합니다.

힘의 불균형은 이렇게 자연스럽게 발생합니다. 그래서 이런 경우 친구에 대한 배려, 존중, 학교 폭력과 관련된 각종 교육을 받아도 이것이 자신의 사례에 해당된다고 생각하지 못합니다. 아직 인간관계에 대한 원칙이나 옳고 그름에 대한 기준이 제대로 정립되지 않은 시기라 그렇습니다. 주도권이 일방적으로 한 사람에게 있고, 나의 자존감을 떨어뜨리는 관계는 '친구' 관계로서 바람직할 수 없습니다. 아이가 친구들과 잘 어울리고 있는 것처럼 보이더라도 한 번쯤은 그 관계에서 균형이 어떻게 되어 있는지를 살펴보기 바랍니다. 어떤 친구를 지나칠 만큼 존중하는 모습을 보이지는 않는지, 반대로 말과 행동을 너무 함부로 하는지 확인해 봐야 합니다. 그리고 혹시 자녀가 이런 상황에 처해 있더라도 "왜 바보같이 당하고 있어! 너도 싫다고 말을 해야지. 친구잖아!"와 같은 말로 윽박지르지 말아야 합니다. 아직 아이들은 다양한 상호 작용을 경험해 보지 못했습니다. 이런 상황은 낯선 것이며, 나름대로는 친구 관계를 유지하기 위한 방법으로 그렇게 행동하는 것입니다. 상황을 조정하고 해결하는 것 역시 양육과 교육의 중요한 역할이나, 그 상황을 벗어나려다가 자녀가 더 상처 받는 것은 피해야 합니다.

혹시 내 자녀는 항상 친구 관계에서 영향력이 있고 주도권을 쥐고 있는 쪽인가요? 상처 받을 걱정을 덜 하게 되어 안심일 수는 있겠지만 그 영향력을 정의로운 방향으로 행사하는 것을 가르치기 권합니다. 다양한 사람들을 포용하고, 존중할 줄 아는 아이로 클 수 있도록 격려를 아끼지 말아야 합니다. 성인이 되어 사회에 나가도 주변 사람들에게 함부로 대하고 편 가르기를 좋아하는 사람들은 여전히 있습니다. 하지만 가까이하고 싶다는 마음보다는 유치하고 비열하다는 생각이 앞섭니다. 내 아이를 어떻게 키울 것인가? 인간관계에서 힘의 불균형은 일면 자연스러운 점이 있지만, 자연스러운 것이 꼭 옳은 것은 아닙니다.

☑ 코로나 시대, 아이들의 또래 관계도 멈추어야 하는가?

코로나 상황 속에서 부모님은 아이들이 교우 관계가 없는 것에 대한 걱정이 큽니다. 아이들은 학교를 올 수 없었고 그나마 오게 된 기간에도 사회적 거리 두기로 인해 일부만 등교했습니다. 간헐적 등교로 가끔 만나는 아이들은 사회적 관계의 부족으로 인해 성장이 멈춘 듯했습니다. 여러 번 등교를 하여도 서로 웃고 떠들며 자유롭게 대화를 나눌 수도 없는 상황이다 보니 매번 3월 첫 주의 교실 모습에 머물러 있습니다.

학교에서도 고립감, 외로움을 느끼는데 집에서는 어떨까요? 사회적 거리 두기 시기라 조심스럽기는 하지만, 학교도 제대로 못 다니는 아이들을 친구들과 떨어져 지내게 하기도 어렵습니다. 엄마 아빠 모두 직장인이라면 집에서 아이가 느낄 외로움은 상상 이상일 수도 있습니다. 그러므로 아이가 또래 친구와 소통할 수 있는 기회를 만들어 주는 것이 필요합니다. 친구와 마스크를 쓰고서라도 비교적 안전한 야외에서 만날 기회를 만들어 주는 건 어떨까요? 꼭 가까이에서 얼굴을 마주하고 이야기를 나누는 것만이 소통은 아닙니다. 확 트인 놀이터, 드넓은 공원에서 운동을 하거나 산책을 하며 함께 시간을 보내고 있는 것만으로도 소통은 이루어집니다. 그리고 이런 활동조차 불가능하다면 친구와 화상이나 전화를 통해서라도 수다를 떨며 스트레스를 해소하도록 해 줍니다. 아이도 어른들과 똑같습니다. 오히려 아이들이 친구도 못 만나고 나가서 뛰어놀지 못하는 이 상황을 더 견디기 어려울 겁니다. 그러니 상황에 따라 할 수 있는 방법을 동원하여 아이가 고립되지 않고 아이 나름대로의 사회적 관계를 유지할 수 있도록 해 줘야 합니다.

4부

과목별
가정 학습 가이드

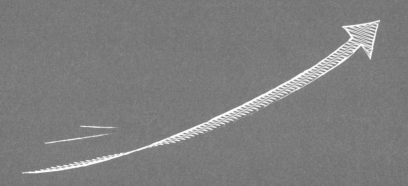

1장

가장 중요한데 간과하기 쉬운 과목, 국어

국어 공부는 정말 중요합니다. 이 말에 공감하지 않는 분은 없습니다. 다들 '맞아, 그렇지!' 하면서 고개를 끄덕일 텐데요. 그런데 따로 국어 공부를 시키고 있는지 묻는다면 대부분 답하기 쉽지 않을 것입니다. 수학의 경우 부모님 세대가 학교 다닐 적에 제대로 공부할 기회가 없었으니 내 아이는 꼭 제대로 공부를 시키겠다고 하고, 영어의 경우 명색이 외국어이니 조기에 학원도 좀 보내야겠고 이리저리 마음이 쓰인다고 합니다. 그런데 국어는 우리말이니 느낌에 왠지 따로 공부시키지 않아도 어느 정도는 알아서 잘하지 않을까 하는 막연한 기대감이 있습니다. 책 좀 읽으라고 채근하거나 시험 전날 문제집 몇 장 풀어 보라고 하는 게 전부인 경우가 많습니다.

국어 학원을 보내야 한다거나 당장 과외가 필요하다는 말을 하려는 것이 아닙니다. 손 놓고 있지만 말고 아이의 국어 실력을 위해 '뭔가'를 해야 한다는 것이지요. 사실 국어 공부에 대한 말들은 참 많습니다. 교과서만 잘하면 된다는 뻔한 이야기부터, 국어 공부는 할 필요 없고 독서만 많이 하면 된다는 말까지 정말 다양합니다. 교과서도 중요하고, 독서도 중요하고, 이것저것 챙길 것이 많습니다. 이 장에서는 쉽고 간단해서 집에서도 누구나 해 볼 수 있는 '교과서'와 '독서'라는 두 가지를 중심으로 국어 공부하는 법을 알아보겠습니다.

☑ 말도 많고 탈도 많은 교과서

국어 공부의 답은 '교과서' 안에 있습니다. 국어 교과서로 부모님이 아이와 마주 앉아서 공부하라는 것이 아닙니다. 국어 교과서는 어쩌면 아이들이 가장 싫어하는 교과서일지도 모릅니다. 양도 많고 나왔던 내용이 계속 반복됩니다. 그러나 양이 많다는 건 그만큼 아이들이 미래 역량을 위해 준비해야 할 것들이 국어 교과 속에 많이 들어 있다는 것입니다. 앞서 이야기한 창의적 사고, 비판적 사고, 의사소통, 문해력 등 어느 하나 국어와 밀접하게 연관되지 않은 게 없습니다.

국어 교과서에서 비슷한 것이 계속 반복되는 건 아이들에게 좀 지루할 수는 있지만 아이의 공부를 도와주고자 하는 부모에게는 도움이 됩니다. 아이들이 국어라는 과목을 통해서 무엇을 중점적으로 배우는지 훤히 드러나기 때문입니다. 이를 통해서 아이가 무엇을 잘하고 또는 못하는지 점검해 볼 수 있습니다. 예를 하나 들어 볼까요? 자기의 주장을 근거와 함께 제시하여 상대방을 설득하는 글이 논설문입니다. 앞으로 아이가 세상을 살아가면서 '나의 생각(의견)을 근거와 함께 제시'하는 일은 정말 많습니다. 아이들은 용돈을 단 만 원이라도 올리기 위해 부모님을 설득해야 합니다. 아이들이 대입 논술 때 쓰게 되는 글, 취업을 하기 위한 자기소개서도 모두 논설문입니다. 그러니 초등학교의 국어 실력이 대입과 그 이후까지 계속 연결된다고 볼 수 있습니다.

'논설문'이라는 단어가 교과서에 처음 등장하는 것은 초등학년의 마지막 학년인 6학년이 되어서입니다. 아이들이 글쓴이가 어떤 주장을 하는지, 그리고 제시한 근거가 얼마나 적절한지 판단해 보는 게 6학년 1학기에 나오는 것이지요. 그럼 아이들이 5학년까지 전혀 다른 걸 배우다가 6학년 1학기에 되어서 갑자기 '논설문'이라는 것을 배울까요? 결코 그렇지 않습니다. 6학년 1학기의 '논설문'을 배우기 위해서 아이들은 3학년 때, 문단의 중심 문장과 뒷받침 문장을 파악하는 것을 배우는 것으로 시작합니다. 4학년 때는 글을 간추리고 사실과 의견이 어떻게 다른지 구별하고 나의 의견을 제안하는 글을 쓰기도 합니다. 이제 5학년이 되면 글을 요약하는 것을 배우고, 글을 읽고 글쓴이의 주장을 파악하는 활동을 배우게 되지요. 즉, 3학년부터 6학년까지 논설문을 위한 기초부터 단계적으로 학습을 한다는 것입니다. 교육과정의 구성이 얼마나 체계적이며 과학적인지 알 수 있는 대목입니다.

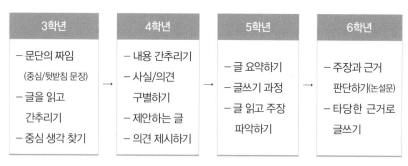

〈'논설문'을 완성하기 위한 학년별 학습 단계〉

우리는 어떤 과목을 공부할 때 아이들이 학교에서 그 과목을 배우는 '교과서'는 전혀 신경 쓰지도 않고 다른 곳에서만 답을 찾는 경우가 있습니다. 교과서가 가장 기본이며 교과서로 할 수 있는 것이 많다는 것을 기억해야 합니다.

☑ 새 학기 시작 전, 교과서를 펼쳐라!

새 학기가 시작되기 전, 교과서에 예쁘게 이름만 써 둔 채 그냥 방구석에 모셔 두는 경우가 많습니다. 국어 교과서는 아이들이 질색하는 것과 달리, 아이들에게 가장 읽기 쉬운 책이라고 볼 수 있어요. 아이들이 속한 학년의 수준에 잘 맞게 제작이 되었기 때문입니다. 또 흥미에 맞는 재미있는 이야기와 꼭 읽어야 하는 글들이 엄선되어 수록되어 있습니다.

국어 교과서를 받으면 제일 먼저 그 안에 있는 작품을 미리 읽어 보면 좋습니다. 사실 교과서는 지면에 한계가 있기 때문에 아무리 좋은 작품이라도 한 권을 통째로 수록할 수가 없습니다. 그렇기 때문에 국어 수업 시간에는 매번 전체 이야기의 일부만 발췌한 것을 읽게 됩니다. 아이들이 수업 시간에 '완성된 책 한 권'을 온전하게 읽는 경우가 드문 셈이죠. 그러니 국어 교과서에 나온 그 글이 어느 책의 일부인지 찾아보도록 하세요. 국어 교과서 마지막에 '실린 작품'으로 안내되어 있으니 참고하면 됩니다. 그리고 바로 그 책을 아이에게 읽혀 보는 겁니다. 그런 책들은 대부분 해당 학년의 필독서인 경우가 많아요. 아이가 그 책을 읽고 흥미를 보인다면 그 작가가 쓴 다른 책도 재미있게 읽을 가능성이 높습니다. 이렇게 독서의 취향과 폭을 넓혀 나가는 거죠.

'우리 아이는 국어 실력이 좀 부족하다.'라는 생각이 든다면 개학 전에 미리 국어 교과서를 소리 내어 직접 읽어 보는 연습을 하는 것을 추천합니다. 학교에서 아이들이 돌아가면서 몇 문장씩 읽는 활동을 자주 합니다. 그때 모든 친구들의 이목이 집중되는데, 더듬거리는 건 피하고 싶은 일일 거예요. 그리고 미리 아이랑 읽어 보면서 모르는 단어는 사전에서 그 뜻을 찾아보도록 하세요. 단어의 정확한 뜻을 모른 채 문맥을 통해 파악하는 것, 물론 중요합니다. 하지만 초등학교 수준에서는 단어의 정확한 뜻과 사용되는 예를 아는 것 역시 매우 중요하다는 것, 잊어서는 안 됩니다.

여기서 조금만 더 나아가 볼까요? 교과서를 함께 읽어 보는 것에서 그치지 말고, 아이가 무엇을 배우는지 학습 목표를 한번 살펴보세요. 아이가 어떤 것을 배우는지 함께 살펴보는 것과 그러지 않은 것은 차이가 있습니다. 앞서 이야기한 것처럼 국어 시간에 매 학년, 매 학기 완전히 다른 것을 배우는 것 같지만 사실은 그렇지 않습니다. 비슷한 내용이 약간의 형태를 바꾸어서 다시 나타나는 경우가 많지요. 그런 내용들은 초등학교에서 국어를 공부하면서 꼭 갖추어야 할 기초적인 근육인 셈입니다. 집에서 짧은 글, 동화책, 심지어는 TV프로그램을 보고도 핵심 내용을 파악하는 연습을 해 보세요. 짧은 영상이나 글을 같이 읽을 때 아이한테 '그래서 이 글쓴이가 말하고자 하는 것은 무엇일까?' 하고 아이에게 질문해 보세요. 글이나 매체를 읽고 의도를 파악하는 건 국어 시간 말고도 살아가면서 항상 중요한 일일 것입니다.

유튜브를 보면 광고의 천국이죠? 가끔은 '광고 건너뛰기'를 하지 말고, 광고도 같이 보면서 '이거 무슨 광고지?', '다 진짜일까?', '이건 너무한데? 과장 아닐까?' 하는 질문 툭툭 던져 보는 것은 어떨까요? 비판적으로 사고하는 근육은 이런 자연스러운 방식으로 훈련이 됩니다. 거창하게 생각하지 말고 한번 해 보세요.

> 〈교과서로 국어 잘하는 내 아이 만들기〉
> - 국어 교과에서 중요한 내용은 학년이 올라가도 계속 반복된다는 사실을 기억하세요.
> - 교과서에 수록된 글이나 전체 책을 미리 읽어 봅니다.
> - 아이가 무엇을 배우게 되는지, 학습 목표를 미리 살펴봅니다.
> - 교과서에 수록된 글을 '소리 내어' 읽어 봅니다.
> - 교과서에 모르는 단어가 있다면 사전에서 찾아서 정확한 뜻을 익히도록 합니다.

☑ 독서가 중요하긴 한데

책을 좋아하고 알아서 잘 읽는 아이들에게는 해당되지 않는 이야기지만, 요즘 아이들에게 책 읽으라고 마냥 채근할 때는 좀 미안한 마음이 들기도 합니다. 누구나 자라면서 '세상에 재미있는 영화도 많고, 해야 할 게임도 많은데 왜 딱딱하고 그림 하나 없는 책을 읽어야 하지?'라는 생각을 해 본 적이 있을 겁니다. 그러니 요즘 아이들은 어떨까요? 걸어 다니는 컴퓨터인 스마트폰에, 집의 TV도 스마트 TV에, 유튜브 접속하면 없는 게 없는 시대입니다. 더군다나 엄마 아빠마저도 틈만 나면 휴대폰만 보는데 아이들에게 책을 보라고 강요한다고 말을 들을까요?

책을 통해서 어휘력과 문해력을 키울 수 있다거나 경험하지 않은 것을 간접적으로 체험할 수 있다는 뻔한 얘기는 잠시 접어 두겠습니다. 간접 체험이야 유튜브가 훨씬 더 실감 나고 생생하기 때문이죠. 이렇게 자극적인 콘텐츠들이 홍수처럼 넘쳐 나는 시대에 책은 과연 설 자리가 없는 것일까요? 그래도 그건 아닙니다. 책이야말로 이 시대의 진정한 사고력 부스터 역할을 할 수 있기 때문입니다. 책은 읽으면서 자꾸 머리를 쓰게 만듭니다.(그래서 어른들은 책 읽는 게 귀찮을지도 모르겠습니다.) 책을 읽을 때에는 어떤 내용인지 열심히 생각해야 합니다. 갈등은 어떤지, 숨겨진 복선은 없는지, 이 많은 것들을 영상 없이 글만을 보고 상상해야 합니다. 영상 콘텐츠는 거기에 비하면 비디오도 오디오도 꽉 차 있어서 사실 상상할 여지가 별로 없습니다.

〈해리포터〉 시리즈를 예로 들어 보겠습니다. 〈해리포터〉의 광팬이었던 한 아이는 책을 읽으면서 남은 분량이 한 페이지씩 줄어드는 것을 안타까워했을 것입니다. 책에 나오는 장면 하나하나를 머릿속으로 그리고, 상상하면서 말이지요. 그렇다면 언제까지 그랬을까요? 바로 〈해리포터〉 영화가 개봉하기 전까지였을 겁니다. 영화가 개봉하면서 아이의 머릿속 상상과 관계없이 주인공들의 모습과 모든 마법 세계의 풍경이 화면 앞에 선명하게 나타나게 되었습니다. 그 후로 '해리포터' 하면 영화 속의 그 장면만 떠올랐을 겁니다. 어린 시절 상상하던 해리포터 세계는 이제 기억나지 않을 거예요. 해리포터는 하나의 예시일 뿐입니다. 사실 요새 아이들에게는 '모든 것'이 이런 식입니다. 그렇기 때문에 책을 읽으면서 생각하고, 창의적으로 상상하는 힘을 돌려주어야 합니다.

책에 이렇게 좋은 점이 많은데도 불구하고 어쨌든 아이들은 책을 싫어합니다. 정확히 말하면 '아이들은 책을 점점 싫어하게 된다.'가 맞는 표현일 수 있습니다. 그나마 학교 들어가기 전이나 초등 저학년 때까지는 책을 그래도 많이 읽는 편입니다. 부모들도 아주 열성적으로 책을 빌려다 주기도 하고, 읽어 주기도 하지요. 그렇지만 많은 아이들이 초등학교 고학년 즈음이 되면 독서를 점점 꺼려하는 것이 사실입니다. 왜 그럴까요? 물론, 각종 SNS와 게임의 자극적인 즐거움의 맛을 알아 버린 탓도 있습니다. 하지만 동시에 독서에 대한 즐거운 경험이 사라지는 게 더 문제라고 할 수 있습니다. 어릴 때에는 이 책 봤다가 저 책 봤다가 해도 상관이 없죠. 책이 짧고, 금방 여러 권 읽을 수 있으니까요. 그런데 본격적으로 책의 수준이 어려워지고, 동시에 독후감과 같은 '아이들을 책에서 멀어지게 하는' 부담들이 등장하게 됩니다. 여러분의 과거를 떠올려 보세요. 누구나 필독 도서를 읽고 독후감 쓰는 것이 정말 싫었을 겁니다. 독후감뿐인가요? 각종 논술에 독서 관련 대회도 있습니다. 아이들이 책을 안 읽으니 부모님들은 책 읽으라고 독서 논술 학원도 보냅니다. 그런 곳에서라도 즐거우면 다행인데, 아이들에게 책 읽는 것이 점점 숙제처럼 느껴지는 것이 문제입니다. 과학 공부에 좋다는 책, 시험에 자주 나오는 소설 100선, 다 같은 맥락입니다. 독서 자체에서의 즐거움을 느끼기에 아이들의 삶은 이미 너무 팍팍한 것이 현실입니다.

☑ 책 읽는 것이 즐거운 경험이 되어야

결국 책 읽는 것이 즐겁지 않다는 것이 문제입니다. 그러면 책 읽는 것을 즐겁게 만들어 주면 되겠지만 그게 말처럼 쉽지 않습니다. 누구나 동의하겠지만, 책 읽는 게 즐거워야 계속 지치지 않고 읽을 수 있다는 것 또한 모두 의견을 같이 할 것입니다. 책 1시간 읽으면 게임 30분 시켜 준다는 방식은 지속되지 않습니다. 이제 몇 가지 방법들을 소개해 보겠습니다.

우선 '책을 읽으며 즐겁고 행복했던 순간'을 만들어 봅니다. '독후감을 쓰기 위해 억지로 책을 읽었던 것, 공부에 도움이 된다는 책 읽었던 것, 학원에서 읽어 오라는 책 억지로 읽었던 것'은 전부 독서에 대한 안 좋은 경험들일 것입니다. 그 경험을 바꿔 주는 겁니다. 가령, 날씨 좋은 주말 낮에 가족들이 삼삼오오 거실에 모여서 함께 맛있는 간식을 먹으면서 독서를 해 보세요. 아니면 캠핑 가서 가족끼리 시원한 바람을 맞으면서 책을 읽어 보는 거죠. 이런 경험이 쌓인 아이에게 '책'의 기억은 '밤늦은 시간에 졸음을 억지로 쫓으며 읽었던 고통'이 아니라 '쏟아지는 햇볕 아래 가족과 함께 읽었던 즐거움'이 될 것입니다. 이런 작은 경험이 모여서 아이에게 책 읽는 것을 지금까지와는 다르게 받아들이도록 만들 수 있습니다.

만약 아이가 책을 따분해한다면 당장은 나이에 비해 좀 낮은 수준의 책을 선택합니다. 정말 쉽고 간단한 책으로 책 읽기를 시작해 보는 것입니다. '지금 나이라면 이 정도 책은 읽어야지!'와 같은 충고보다는 아이가 좋아하는 책을 일단 마음껏 읽을 수 있도록 하는 거죠. 우리 아이는 좋아하는 책만 계속 읽으려고 하는 게 고민이라면, 아이가 좋아하는 책 5권 정도를 읽으면 부모가 권하는 책 1권 정도 읽어 보는 정도로 타협하는 것도 좋습니다.

책 읽기가 죽어도 싫은 아이라면 아이의 관심사를 책과 연결시키는 것도 하나의 방법입니다. 아이가 역사에 관심이 많다면 다른 책은 읽기 싫어해도 역사와 관련이 있는 만화와 소설 등은 좋아할 겁니다. 역사 대신에 축구가 될 수도 있고 우주가 될 수도 있습니다. 아이의 관심사를 중심으로 시작하세요. 책은 가급적 부모와 아이가 서점이나 도서관에 함께 가서 고르는 것이 좋습니다. 함께 가서 아이가 읽고 싶은 책을 함께 고르기도 하고, 가족들이 다 같이 가서 책을 고른 다음에 맛있는 것 먹고 놀기도 해야 합니다. 그 날이 책과 함께하는 즐거운 날로 남을 수 있도록 말입니다.

☑️ 저학년과 고학년의 책 읽기 지도 방법

이제 발달 단계에 따른 책 읽기 지도 방법을 살펴보겠습니다. 아이의 연령대에 따라 부모님들의 독서에 대한 고민도 다를 것입니다.

우선 저학년 아이를 둔 부모님! 혹시 '이제 학교에 들어갔으니 책상에 바른 자세로 앉아서 한 권을 다 읽어!'로 일관하고 계시지 않은가요? 아이가 책을 읽어 주는 것을 원한다면 그렇게 해 주시는 것이 좋습니다. 한글을 깨우쳤다고 무조건 혼자 책상에 앉아서 읽게 하는 것보다 부모님이 침대 곁에서 읽어 주는 것을 듣게 한다면 아이는 상상력을 키울 수 있고, 또한 부모와의 유대감을 지속할 수 있습니다.

아이가 고학년이라면 아이에게 되도록 많은 선택권을 주는 것이 좋습니다. 고학년이 되면 아이들이 자기 스스로 무언가를 결정하고 싶은 마음이 커지게 됩니다. 어떤 책을 읽을지, 언제 읽을지, 읽고 나서 어떤 독후 활동을 할지 말입니다. 물론 부모님은 '학교 다녀와서 필독 도서를 바로 성실하게 읽고, 한 편의 독후감을 훌륭하게 쓰기'를 바라겠지만 아이들의 현실은 그렇지 않습니다. 어른의 눈에 좀 못 미덥고 마음에 안 들더라도, 아이가 그 과정을 반복하는 데에 칭찬해 주시는 게 중요합니다. 그리고 때로는 부모님이 함께 읽으면서 서로 이야기해 보는 것도 필요합니다. 아이와 함께 게임을 하고 유튜브를 보는 것까지는 쉽지 않겠지만, 아이가 읽는 책을 함께 읽고 이야기를 나누는 건 사춘기 아이에게 다가가기 위한 좋은 방법임이 분명합니다.

☑ 독후감은 선택, 독후 활동 자체는 필수

책 읽히는 것도 힘든데 독후감이라니! 그렇다고 기껏 책 읽었는데 아무것도 안 할 수는 없고 흔히 느끼는 딜레마입니다. 그런데 사실 책을 읽으며 즐거움을 느끼고, 마음껏 상상할 수 있다면 그것만으로 충분합니다. 독후감 쓰려고 책 읽는 건 아니기 때문이죠. 다만, 아주 간단하게, 독서에 대한 흥미를 떨어뜨리지 않으면서 간단히 그 순간을 기억하고, 기록할 수 있는 방식이라면 얼마든지 시도해 보세요. 꼭 줄거리와 느낌을 공책 한 페이지 가득 쓰는 고전적인 방식의 독후감은 아니라도 괜찮습니다. 이미 학교에서도 이 방식 외에 주인공에게 편지 쓰기, 책 표지 상상해서 꾸미기 등 많은 방법을 쓰고 있습니다. 그러나 이것마저 따분하고 지루하게 느끼는 아이들이라면 더 간단하고 더 재미있는 방법을 추천해 보겠습니다.

책을 읽으면서 마음에 들었던 구절, 대사를 공책에 옮겨 써 보도록 하세요. 또, 마음에 드는 페이지를 사진으로 찍어 두는 것도 좋습니다. 책의 한 장면이 아니라 독서를 끝낸 후에 그 책을 들고 있는 아이의 모습을 사진으로 찍어 두는 것도 색다른 기록이 될 것입니다. 아니면 책을 읽은 느낌을 기록하되, 전통적인 '공책 한 장에 줄거리와 느낌 가득'의 방식이 아니라 한두 줄 정도로 정리해 보는 방법도 있습니다. 영화 평론가들처럼 별점과 함께 느낌을 단 한 줄로 표현해 보는 것입니다.

아직 열정과 에너지가 남은 가정에는 핫 시팅(hot seating)이라는 연극 기법을 추천합니다. 핫 시팅은 먼저, 어떤 책을 읽고 한 명이 그 책 속의 주인공이 되었다고 생각하고 의자에 앉습니다. 그러면 나머지 구성원들은 주위에 둘러앉아 책 속의 주인공에게 질문하듯 인터뷰를 하는 거죠. 원래는 교실에서 사용하는 기법인데, 집에서도 얼마든지 가능합니다. 가령 책을 읽고 아이는 의자에 앉아 있으면 부모님과 형제들이 모여 앉아서 '깨진 독에 물을 채우려 하자 두꺼비가 나타났을 때 기분이 어땠어?' 이렇게 물어보는 것이지요. 꼭 책을 읽을 때마다 아이만 의자에 앉을 필요는 없고 가족들이 돌아가면서 재미있는 독서 후 활동을 할 수 있습니다. 뭔가 한 권의 책을 한 장의 종이에 완성된 형태로 정리해 놓아야 한다는 강박만 깨도 훨씬 많은 것을 할 수가 있어요. '읽은 책의 내용을 누가 누가 기억 잘하나'를 겨루는 그동안의 K-독서는 과감히 버려도 됩니다.

〈행복한 독서를 위한 조언〉
- 아이들에게 '독서의 경험'이 '행복한 경험'이 될 수 있는 기회를 제공합니다.
- 아이의 관심사를 독서로 연결시켜 줍니다.
- 아이가 직접 책을 고르고, 활동하는 데에 선택권을 줍니다.
- 줄거리나 느낌을 쓰는 전통적인 독후 활동 외에 다양한 방법을 시도해 봅니다.
  (마음에 드는 구절 기록하기, 사진 찍기, 한 줄 평 남기기, 연극 기법 이용하기)

2장

입시의 핵심,
수학

　　학교에서 배우는 과목 중에 무엇이 가장 중요할까요? 모두 중요하다고 생각할 수 있습니다. 그럼 우리 아이가 가장 잘 했으면 하는 과목은 무엇일까요? 모두 주저하겠지만, 결국은 공통된 한 과목을 이야기할 것입니다. 바로 수학이죠. 과목 그 자체로 중요한 것도 물론 있겠지만, 수학을 꼽는 이유는 바로 입시를 결판 짓는 과목이기 때문일 것입니다.

　　또한, 코로나 19로 인해서 아이들의 학력 저하가 가장 우려되는 과목도 바로 수학입니다. 수학이라는 과목의 특성상 벼락치기는 쉽지 않습니다. 평소에 꾸준하게 연습하고, 꼼꼼하게 확인해야 다음 단계로 넘어갈 수가 있는데, 온라인 수업에서는 그게 어려운 문제입니다. 그래서 2020년 한 해, 모든 교사들은 아이들의 수학 결손이 누적되는 것을 바라만 봐야 했습니다.

☑ 완벽한 복습보다는 그때그때 대처하라

대부분의 아이들이 수학 결손이 심각할 것입니다. 그럼 어떻게 할까요? 2020년도에 배웠던 것을 처음부터 다시 복습해야 할까요? 학교에서나 집에서나 시간적으로 그럴 여유는 없을 것입니다. 심지어 지금 이 순간, 아이들의 결손은 2020년 1년 그 이상일 것입니다. 아이가 2021학년도 들어 5학년이 된다고 가정해 봅시다. 새 학년이 되어 4학년 것만 복습하면 될까요? 그렇지 않습니다. 4학년이 되었던 2020년이라는 그 혼돈의 시간 동안, 3학년과 그 이전의 것도 제대로 복습하지 못했습니다. 방학이 되어 시간적인 여유가 있을 때는 모르겠지만, 학기 중에는 이전 학년 내용을 다시 시작하기는 힘듭니다. 그럼 어떻게 해야 할까요? 막히는 그때그때 대처해야 합니다. 일단 올해의 학년의 공부를 하면서, 아이가 막힐 때마다 어디에서 막히는지 살펴보아야 합니다. 6학년이 된 아이가 분수의 나눗셈을 잘 못한다면? 그때는 5학년에서 배운 분수의 곱셈을 잘 알고 있는지, 분수의 약분과 통분을 잘하는지 살펴보는 식으로 메워 나가야 합니다. 다행히도 고학년의 경우에는 수학 익힘책이 좋은 길라잡이가 됩니다. 각 단원별로 첫 페이지에 이전 학년에서 배운 내용 중 연계되는 내용이 몇 개의 문제로 나와 있습니다. 그 문제만 풀어 보아도 내 아이가 이전의 내용을 잘 아는지 바로 알 수 있습니다. 올해가 힘든 건 모두들 마찬가지일 것입니다. 완벽하게 복습하려는 부담보다는, 그때그때 대처하는 기지로 올해를 극복해야 합니다.

현실적으로 내 아이가 학교에서 어떤 공부를 하는지 모두 알 수는 없겠지요. 그런데 수학 정도는 학습의 결손에 대처하기 위해서라도 어떤 순서로 무엇을 배우는지 알아 두면 도움이 될 것입니다. 2015 개정 교육과정 수학과에서 아이들이 6년 동안 각 영역에서 배우는 것을 간단하게 풀어서 표로 정리했습니다. 내 아이가 이제 무엇을 배울 차례인지, 이걸 모른다는 것은 어디에서 삐걱거리는 건지, 그럼 어떤 것을 보충해 주어야 하는지 참고할 수 있는 길라잡이가 될 수 있습니다.

	수와 연산	도형	측정	규칙	자료와 가능성
1학년	• 한 자리 수 • 두 자리 수 • 한 자리 수의 덧셈과 뺄셈 • 10을 이용한 덧셈과 뺄셈 • 두 자리 수의 덧셈과 뺄셈	• 입체도형의 모양 • 평면도형의 모양	• 비교하기(길이, 무게, 넓이, 부피) • 시각(몇 시, 몇 시 30분)	• 규칙, 배열	
2학년	• 세 자리 수 • 네 자리 수 • 두 자리 수의 덧셈과 뺄셈 • 곱셈 구구	• 삼각형, 사각형, 원의 이해 • 오각형, 육각형 • 변, 꼭짓점	• 길이(cm, m) • 시각(분)과 시간	• 분류하기 • 규칙 찾기	• 표와 그래프
3학년	• 세 자리 수의 덧셈과 뺄셈 • 곱셈(두 자리× 두 자리) • 나눗셈(나누는 수가 한 자리 수) • 분수 • 소수	• 직선, 선분, 반직선, 각 • 직각 • 직각삼각형 • 직사각형 • 정사각형 • 원의 구성 요소(원의 중심, 반지름, 지름)	• 길이(mm, Km) • 시간(초) • 들이와 무게 (L, ml, kg, g, t)		• 표와 그림 그래프 • 자료의 정리

4학년	• 다섯 자리 이상의 수 • 곱셈(세 자리×두 자리) • 나눗셈(나누는 수가 두 자리 수) • 분수의 덧셈과 뺄셈 • 소수의 덧셈과 뺄셈	• 평면도형의 이동 • 여러 가지 삼각형 • 여러 가지 사각형 • 다각형과 정다각형	• 각도	• 규칙 찾기	• 막대 그래프 • 꺾은선 그래프
5학년	• 자연수의 혼합 계산 • 약수와 배수 • 약분과 통분 • 분모가 다른 분수의 덧셈과 뺄셈 • 분수의 곱셈 • 소수의 곱셈	• 합동과 대칭 • 직육면체와 정육면체	• 다각형의 둘레와 넓이 • 수의 범위와 어림하기	• 규칙과 대응	• 평균과 가능성
6학년	• 분수의 나눗셈 • 소수의 나눗셈	• 각기둥과 각뿔 • 쌓기나무 • 원기둥과 원뿔 • 구	• 직육면체의 부피와 겉넓이 • 원주율과 원의 넓이	• 비와 비율 • 비례식과 비례 배분	• 여러 가지 그래프(띠그래프, 원그래프)

☑ 기본이 안 되는데 선행?

수학 하면 빠질 수 없는 게 선행 학습일 것입니다. 요즘의 선행은 몇 달이 아니라 몇 년을 앞서가는 수준입니다. 그렇지만 아이가 지금 속한 학년의 문제를 풀게 했을 때에 기본적인 내용을 정확히 알고, 연산을 능숙하게 처리하는지 확인하는 것이 우선입니다. 이것이 서툰 수준이라면 선행은 아무 의미가 없습니다. 저학년(1~2학년)이라면 기본적인 덧셈과 뺄셈, 구구단을, 중학년(3~4학년)이라면 곱셈과 나눗셈을, 고학년(5~6학년)이라면 분수의 덧셈, 뺄셈, 곱셈, 나눗셈을 빠르고 정확하게 계산할 수 있어야 합니다.

☑ 어떤 문제집을 얼마나 풀까?

어떤 문제집을 얼마나 풀어야 할까요? 요새는 워낙 자녀 교육에 대한 정보가 많이 오가기 때문에 수학 문제집을 추천하는 인터넷 글도 많이 찾아보실 것입니다. 서점에 가면 쏟아질 듯 많은 수학 문제집 중에는 개념을 단단하게 이해하기 위한 기본서, 연산을 연습하기 위한 문제집, 각 유형별로 정리된 문제집, 그리고 고난이도 문제를 수록한 문제집까지 다양합니다. 먼저 아이의 수준과 흥미에 맞추어 고르는 것이 중요합니다. 그리고 초등 수준에서는 꾸준한 연산 연습을 위한 문제집은 꼭 한 권 풀기를 권합니다.

다른 조건이 비슷하다면, 함께 꼼꼼히 살펴보고 아이에게 선택권을 주도록 합니다. 디자인도 무시할 수 없습니다. 수학이 죽어도 하기 싫으면 문제집이 예쁘기라도 해야 조금이라도 덜 싫어지기 때문이지요. 한 페이지에 너무 문제가 빽빽하게 많이 수록되어 있어 아이에게 부담과 싫증을 느끼게 하는 것 또한 피하기 바랍니다. 그리고 정답과 해설이 얼마나 꼼꼼하게 잘 되어 있는지도 꼭 살펴보세요.

고민 끝에 문제집을 선택했다면, 언제 얼마나 풀지 부모와 아이가 함께 약속합니다. 하루에 얼마나 풀지 결정하면, 일주일에 얼마나 할지 정해집니다. 하지만 몰아서 푸는 것은 금물! 하루에 너무 많은 양을 몰아서 하면 집중력과 효율성이 떨어집니다. 모두 어린 시절 학습지 밀려서 한꺼번에 했던 기억이 있을 겁니다. 바로 수학이 싫어지는 순간이죠. 골고루 적당한 양을 하는 게 중요합니다. 몰아서 하다가 지치지 않고 꾸준히 할 수 있도록 해 주세요.

☑ 신박한 수학 공부법, '홀짝 풀기'와 '박음질 복습법'

보통 수학 문제집을 풀면 앞에서 뒤로, 순서대로 푸는 것이 대부분일 것입니다. 그렇게 되면 어떤 날은 쉬운 기본 문제만 풀게 돼서 싱겁고, 어떤 날은 어려운 문제만 잔뜩 있는 곳이 걸려서 쩔쩔매다가 포기하는 일이 생기게 됩니다. 이때 사용하기 좋은 방법이 '홀짝 풀기' 방법입니다. 이것은 하루에 한 장을 모두 푸는 대신에, 두 장의 홀수 문제만 푸는 방법입니다. 예를 들어 1번부터 20번까지 난이도가 점점 올라가는 문제집이 있습니다. 보통은 1~10번을 풀고 그 다음에 11~20번을 풀게 될 것입니다. 그런데 그렇게 풀지 않고 하루는 '1, 3, 5, ~' 그 다음 날은 '2, 4, 6~' 이렇게 푸는 방법입니다. 매일 비슷한 시간, 더 넓은 범위로, 다양한 유형과 난이도를 만날 수 있게 하는 방법이 됩니다. 홀수, 짝수는 예시이며 나눠서 푸는 방법은 더 다양하게 할 수 있습니다. 적당히 나눠서 풀 수 있게 해 주는 것이 핵심입니다.

같은 방법을 '유형별 문제집'을 푸는 데 사용해 볼까요? 유형별로 문제를 풀다 보면 개념을 정확하게 이해하지 않고 해당 유형에 맞춰서 그냥 기계적으로 문제를 푸는 경우가 생깁니다. 문제를 몇 개 푸는 순간에는 아는 것 같은데 나중에 다시 돌아오면 또 모르죠. 그러니 이때도 하루에 다양한 문제를 골고루 만날 수 있도록 하는 것이 필요합니다. 오늘은 전체 유형의 1~2번 문제, 내일은 전체 유형의 3~4번 문제를 푸는 것입니다.

'박음질 복습법'도 방법은 조금 다르지만 목적은 비슷합니다. 다양한 것을 익히면서, 오래 기억할 수 있도록 하는 것이지요. 방법은 더 쉽습니다. 지금 나가고 있는 진도와 일정한 간격을 두고 뒤따라가면서 복습하는 것입니다. 그 간격은 한두 쪽이 될 수도 있고, 한 단원이 될 수도 있습니다. 예를 들면 지금 진도가 3단원이라면, 문제집은 2단원을 푸는 거라고 할 수 있겠죠. 아이들은 이 방법을 마음에 들어하지 않을 수도 있습니다. 아이들의 입장에서는 그날 어떤 개념을 배우고 그 내용에 맞는 문제를 풀고 싶어 하기 때문입니다. 기억도 잘 나고 풀면서 신이 날 테니까요. 이전에 배운 내용을 갑자기 풀어 보라고 하면 까먹은 것 같기도 하고 다시 복습해야 하는 것이 아이들은 귀찮을 수 있습니다. 이런 이유로 누구나 복습을 싫어합니다. '배운 내용을 잊어버린 한심한 나'와 마주해야 하기 때문이지요. 그래도 이 불편한 진실과 빨리 마주하는 것이 실력이 느는 지름길이 될 수 있습니다.

☑ 아이의 자존감을 살리는 '신호등 채점법'

수학 못하는 아이들은 공부하는 순간만큼이나 채점하는 순간에도 좌절을 느끼게 됩니다. 문제집에 비 내리는 것을 보면, 하기 싫다는 생각이 드는 것은 당연하겠지요? 그렇다고 아이 기 살리자고 틀린 걸 맞다고 할 수도 없습니다. 아이의 자존감은 살리고, 수학 실력은 쌓을 수 있는 똑똑한 방법이 바로 '신호등 채점법'입니다. 신호등이라는 말처럼 이 채점을 위해 필요한 건 빨강, 주황, 초록색 색연필입니다. 그리고 이 채점 방법에는 가위 표시가 없습니다. 그럼 아는 것과 모르는 것을 어떻게 구별할까요? 가위 표시 대신 색깔을 다르게 동그라미 표시를 하는 겁니다.

<신호등 채점법>

맞힌 문제는 몇 번째 풀이에서 맞혔는지에 따라 펜의 색깔을 달리합니다.

① 첫 번째에 바로 맞으면 초록, ② 두 번째 풀어서 맞으면 주황, ③ 그 이후에 맞은 것(또는 끝까지 틀린 것)은 빨간색으로 동그라미 표시를 합니다.

– 초록색: 내가 잘 알고 있으며, 앞으로 다시 풀어도 틀릴 가능성이 별로 없어요.

– 주황색: 개념이 헷갈리거나, 실수했을 가능성이 많아요.

– 빨간색: 어려워하는 문제이고, 시간이 지나서 다시 풀어도 틀릴 가능성이 높아요.

복습할 때에는 주황색, 빨간색으로 표시된 문제를 위주로 풀어 보세요. 동그라미 색깔을 통해 자신의 이해 정도를 쉽게 파악하고 효과적으로 학습할 수 있어요.

☑ 오답 노트, '글쓰기 연습'만 할 거면 안 하는 게 낫다

흔히들 틀린 문제를 확인하고, 다시 실수하지 않기 위해 오답 노트를 씁니다. 그런데 모든 공부 방법이 다 그렇겠지만, 오답 노트는 누가 어떻게 활용하느냐에 따라서 효과가 천지 차이입니다. 잘 활용하면 효과를 보지만, 형식적으로 하면 그냥 손만 아프고 귀찮은 벌이 되죠. 진짜 오답 노트답게 활용하지 못한다면, 차라리 안 하는 게 낫습니다. 그렇다면 어떻게 활용하는 게 좋은 방법일까요?

문제를 그대로 옮겨 적는 것에 시간을 많이 할애하면 안 됩니다. 오답 노트를 쓰는 것은 수학 공부를 위함이지 글씨 쓰기 연습을 하려는 게 아니니까 오답 노트에는 문제를 풀기 위해 필요한 정보만 써도 됩니다. 그리고 심지어 필요한 정보를 골라내는 과정도 수학 공부가 됩니다. 스마트폰으로 틀렸던 문제를 사진으로 찍어 두는 것도 추천합니다. 틀린 문제를 사진으로 찍어 뒀다가 한 단원이 끝나면 책상 한쪽에는 휴대폰, 한쪽에는 연습장을 놓고 그 단원에서 틀렸던 문제를 넘겨 가면서 총정리 겸 다시 풀어보도록 합니다. 그리고 틀린 이유는 아주 구체적으로 적어야 합니다. '계산이 틀려서', '실수해서' 이런 식으로 쓰는 것이 아니라 계산이 왜 틀렸는지, 가령 '받아 올림을 안 했다.'라든가, '약분을 할 때 나눗셈이 틀렸다.'라로 적어야 합니다.

마지막 방법은 오답 노트에 문제를 쓰고, 바로 풀지 말고 시간차를 두고 나중에 한 번 풀어 보는 것입니다. 모두 틀린 문제와 답을 확인한 직후에는 내가 잘 아는 것 같다고 착각을 하기 쉽습니다. 그러나 하루 지나면 또 다르게 느껴질 것입니다. 학교에서 노트를 작성하고, 문제를 풀어 보는 건 집에서 하는 방법으로 합니다.

〈수학 학습 관련 팁〉

- 지난해를 다시 복습하기보다는, 올해 드러나는 부분을 그때그때 메워 나갑니다.
- 양질의 문제집을 아이와 함께 고르되, 연산 문제집은 꼭 한 권 골라서 풀도록 합니다.
- 장기 기억화를 위한 '홀짝 풀기'와 '박음질 복습법'을 활용합니다.
- 아이의 자존감을 살리기 위해 빨강, 주황, 초록 펜의 '신호등 채점법'을 활용합니다.
- 형식적인 오답 노트는 시간 낭비. 틀린 이유를 정확히 기입하여 도움이 되도록 합니다.

3장

메타인지가 위력을 발휘하는 과목, 사회

귀찮은 암기 과목, 시험 보기 며칠 전에 바짝 공부하는 벼락치기 전문 과목, 시험 끝나는 순간 언제 공부했냐는 듯이 다 까먹는 비운의 과목이 바로 사회입니다. 특히 사회 공부는 자녀의 성향에 따라 호불호가 극단적으로 갈리기도 합니다. 내 아이가 사회에 관심이 많다면 부모 입장에서는 별로 해 줄 것이 없습니다. 보통 그런 아이들은 사회 전반에 관심이 많고, 관련된 책도 스스로 찾아서 읽는 편이죠. 하지만 그 반대라면 몹시 피곤해집니다. 사회 수업 시간이 재미없고, 들어도 무슨 말인지 모르겠고, 이걸 왜 배워야 하는지도 모르겠고. 세상 따분한 얼굴을 한 자녀와 마주하게 됩니다. 그렇다고 사회 과목을 포기할 수도 없기에 어떻게 하면 조금씩 관심을 가지게 만들 수 있을지 한번 살펴보겠습니다.

☑ 메타 인지가 가장 위력을 발휘하는 과목

앞서 '내가 무엇을 아는지, 무엇을 모르는지를 정확히 아는 것'으로 메타 인지를 설명했습니다. 그리고 아이의 방을 작은 교실로 만들어 아이가 선생님이 되어 배운 내용을 설명해 보면서 공부하는 방법을 소개했습니다. 이 방법이 가장 위력을 발휘하는 과목이 바로 사회입니다. 우리 사회의 정치, 경제, 역사 등에서 볼 수 있는 다양한 모습을 담은 것이 바로 '사회'라는 과목입니다. 그래서 과목의 특성상 내용들은 개념이 꼬리에 꼬리를 물고 하나의 이야기로 이어집니다. 이 특성을 이용해서 학교에서도 마인드맵을 활용해서 공부를 하는 경우가 많습니다. 이 전체 과정을 아이가 이해한 후에 선생님이 되었다 생각하고 설명할 수 있다면 매우 효과가 좋습니다. 공부를 마친 후에는, 전체 내용을 다시 교과서나 문제집으로 줄줄 읽어보기보다는, 여러 개의 메모지에 중요한 단어들만 쓰도록 합니다. 그럼 나중에는 그 단어만 봐도 관련된 내용이 연상되어 떠오를 겁니다.

☑ 사회 공부를 위해서 세상 속으로 들어가라

하지만 사회 공부를 위한 답을 교과서나 문제집 속에서만 찾으면 머리가 아파집니다. 사회라는 과목은 세상 속에 일어나는 다양한 일들을 교과서 속으로 옮겨 두었을 뿐, 내용의 본질은 책 속이 아닌 세상 속에 있기 때문이죠. 사회를 즐겁게 공부하기 위해서는 세상 속으로 들어가야 합니다. 큰 노력을 들이지 않고, 일상 속에서 사회를 공부할 수 있는 방법을 몇 가지 소개합니다.

☑ 공공 기관 방문

공공 기관을 방문하는 것은 아이들에게 훌륭한 공부입니다. 생활 속에서 공공 기관을 이용할 일이 있다면 아이와 함께 가서 경험할 수 있도록 해 주세요.

- 주민 센터, 구청에 필요한 서류가 있을 때에는 함께 가서 경험해 봅니다.
- 해외여행에 필요한 여권을 만들기 위해 함께 갑니다.
- 편지나 소포를 부칠 일이 있을 때 우체국에 함께 가 봅니다.
- 길에서 카드나 지갑을 주웠다면 가까운 경찰서에 전달해 줍니다.

다양한 공공 기관을 경험하면서 우리 사회를 구성하는 다양한 사람들의 일에 대해서 알아보세요. 책상에 앉아서 관련된 책을 읽는 것보다 배경지식을 확장하고 사회를 이해하는 데 더 많은 도움이 되어 줄 것입니다.

☑ 방구석에서 시작하는 세계 여행, 지구본 가지고 놀기

세계 지리에 대한 감각을 키우는 데에 지구본만큼 좋은 것이 없습니다. 지구본을 가지고 아이와 특별한 활동을 하지 않아도 됩니다. 가정에서 아주 간단하게 지구본을 잘 활용할 수 있는 방법을 몇 가지 소개합니다.

- 우리나라와 주변 국가, 내가 가 보고 싶은 나라를 표시합니다.
- 세계의 여러 대륙과 바다의 이름을 알아봅니다.
- 세계 여러 나라의 위치를 알아보고 수도를 외워 봅니다.
- 뉴스나 인터넷 기사, 예능 프로그램에 나오는 나라의 위치를 찾아봅니다.
- 지구본은 구석진 곳보다는 가족의 눈에 잘 띄는 곳에 두도록 합니다.

5학년이 되면 사회과에서 '우리 국토의 위치와 영역'을 다루며 '위도'와 '경도'에 대해서 학습합니다. 세계 속에서 우리나라의 위치를 나타내는 방법을 배우게 됩니다. 지구본에 익숙한 아이들은 교과서의 그림 지도를 통해 내용을 평면적으로 학습하는 것보다 훨씬 입체적으로 이해할 수 있습니다.

☑ 세계와 내가 연결되어 있다는 것을 느껴 보기

세계가 하나의 마을로 연결된 시대라지만, 생활 속에서 그것을 체감하는 것은 쉽지 않습니다. 코로나 19로 이동이 어려워진 요즘에는 더욱 그렇습니다. 이러한 시대에 세계가 나와 연결되어 있다는 것을 알 수 있는 작은 활동을 소개합니다.

〈 우리 집 물건, 어디서 왔니? 〉
– 우리 집에 있는 원산지가 표시된 다양한 물건을 모아 봅니다.
– 각 물건이 어느 나라에서 온 물건인지 찾아봅니다.
– 지도나 지구본을 통해서 그 나라가 어디에 있는지 찾아서 표시합니다.
– 대한민국에 있는 우리 집에 몇 개국에서 온 물건까지 찾을 수 있는지 확인합니다.

집에서 간단히 물건만 찾아보아도 우리의 삶이 온 세계와 연결되어 있다는 것을 느낄 수 있습니다. 일본에서 만든 젓가락, 독일에서 만든 자동차, 대한민국 회사의 제품이지만 베트남에서 생산한 휴대폰, 미국 브랜드지만 중국에서 생산한 컴퓨터까지. 우리 생활 곳곳에 세상이 가득 들어와 있다는 것을 느끼게 해 주세요. 생각의 범위를 넓히고 세계 속의 자랑스러운 시민으로 자라나는 작지만 큰 출발입니다!

☑️ 영화로 역사 공부하기

이 시대를 살아가는 아이들에게 영상 콘텐츠만큼 흥미를 자극하고 큰 영향을 주는 것은 없겠죠. 시대별로 많은 영화가 있기 때문에 공부하는 과정에서 선택해서 활용해 보세요. 역사 영화를 보기 전에는 관련된 내용을 먼저 보충 학습을 하고, 역사와 다른 부분이 있을 수 있다는 것을 꼭 알도록 합니다.

〈 역사 관련 추천 영화 〉
- 삼국 시대: 황산벌, 안시성
- 조선: 명량, 천문 하늘에 묻는다, 역린, 봉오동 전투, 남한산성, 광해 왕이 된 남자, 사도, 고산자 대동여지도, 최종병기 활
- 일제 강점기: 항거, 박열, 군함도, 동주, 암살, 밀정
- 근현대: 덕혜옹주, 택시 운전사, 화려한 휴가, 인천상륙작전, 1987, 연평해전, 국제시장, 변호인

☑️ 우리 아이 경제 첫걸음

현명한 경제 주체로 성장하기 위해 경제와 금융의 기초에 대해서 가정에서 학습하는 것은 매우 중요합니다. 아이의 소비 습관 역시 가정에서 출발하기 때문입니다.

〈경제 관련 훈련 팁〉

– 시장이나 마트에 가서 아이가 물건을 직접 비교하고 구입합니다.

3천원 밖에 없는 상황에서 떡볶이를 사 먹을지 라면을 사 먹을지를 고민하는 현실에서 '희소성'이라는 개념을 직접 체득하게 되지요.

– 용돈 기입장을 쓰도록 합니다.

지출 내역을 보면서 반성하고 새롭게 계획을 세우는 것이 필요합니다. 꼭 종이에 쓸 필요는 없어요. 스마트폰 어플을 통해서 확인해도 좋아요. 직접 용돈을 받아서 사용하고, 관리하면서 사용하는 경험이 경제 주체로서 기초를 경험할 수 있는 좋은 기회가 될 것입니다.

– 은행에 가서 통장을 만들고 주식을 경험해 보도록 합니다.

아이들은 자신의 것이 생겼을 때에 큰 책임감이 생기지요. 명절에 받은 용돈을 직접 은행에 가서 저금해 보도록 합니다. 자신이 직접 저금한 돈은 가볍게 여기지 않게 됩니다. 여기서 한 발짝 더 나아가, 가족과 함께 적은 돈을 들여 주식을 함께 해 보는 것 역시 좋은 방법입니다. 경제 활동에 있어서 자신이 내린 선택이 미래의 자신에게 영향을 주고, 그것을 스스로 책임져야 한다는 것을 배우게 됩니다.

☑ 우리 가족, 지도와 함께 놀기

아이들은 자신과 가깝고 곁에 있는 것에 친근감과 호기심을 느낍니다. 우리 동네는 어떻게 생겼을까? 우리 동네에는 어떤 가게들이 있을까? 우리 동네의 도로는 어떤 모습일까? 네이버나 구글 지도에서 먼저 우리 집을 찾아 봅니다. 그리고 우리 집을 기준으로 우리 학교, 마트, 공원, 영화관 등으로 넓혀 봅시다. 여행을 다녀온 장소를 지도에 표시해 보는 것도 아주 좋습니다. 이를 통해 자연스럽게 위치와 거리에 대한 감각이 발달할 것입니다. 고학년이라면 지도를 함께 그려 보는 것도 추천합니다.

4장

일상생활에서부터 시작하는, 과학

국영수도 아니고 과학쯤 되면 집에서 뭔가 해 주는 게 귀찮습니다. 집에서 과학적 역량을 키워 준다는 게 말처럼 쉽지가 않기 때문이죠. 집에서 언제 재료를 구해서 과학 실험 한번 해 볼 수 있을까요? 부모가 일상에서 벌어지는 모든 현상을 과학적으로 설명해 주는 것도 무리입니다. 과학과 관련된 책을 사서 읽어 보거나, 나들이 때에 과학관 가서 구경하는 정도면 이미 훌륭한 부모입니다. 그밖에 할 수 있는 것으로 소개해 보겠습니다.

☑ 동·식물 기르며 한살이의 기쁨 맛보기

자라나는 동·식물을 보면서 한살이를 공부할 수 있습니다. 키우고, 자라는 것을 보는 것만으로도 이미 훌륭한 과학 공부가 되기 때문이지요. 기준을 정해서 관찰하고 측정해 보는 연습이 곁들여지면 더 좋습니다. 키가 얼마나 자랐는지, 줄기의 굵기는 어떻게 변했는지, 잎의 수는 몇 개가 되었는지 등을 관찰하게 됩니다. 처음 한 번이면 그 이후에는 아이에게 기준을 일일이 알려 주지 않아도 됩니다. 식물과 함께 무럭무럭 자라는 꼬마 과학자에게 응원을 보내 주세요.

동물은 식물과 조금 다릅니다. 반려동물을 키운다는 것에 따라오는 어마어마한 책임감을 미리 충분하게 이야기하고 의논해야 합니다. '귀여워 보여서 키우고 싶다.'라는 혹하는 마음에서 시작된다면 이는 매우 위험하고 섣부른 행동입니다. 동물을 키울 때 해야 하는 일을 함께 써 보고 신중하게 판단해야 합니다. 이 정도의 막중한 책임감이 부담스러운 경우에는 준비가 될 때까지 기다리고 또 기다려야 합니다. 그리고 가급적이면 입양하기를 권합니다. 생명체와의 교감, 사랑, 그리고 책임에는 '동물의 한살이'라는 지루한 교과서 단어가 끼어들 수 없겠지요.

☑ 우리 가족이 하루 동안 만들어내는 쓰레기의 양은 얼마?

딱 하루라도 좋습니다. 가족 구성원 모두가 집에 머무르는 주말을 정해, 아침부터 저녁까지 하루 동안 집에서 만들어지는 모든 쓰레기를 모아 보세요. 온갖 일회용품, 플라스틱 용기, 택배 박스, 휴지, 마트에서 장을 보고 남은 포장지까지. '어디서 쓰레기를 주워 온 것도 아닌데 왜 이렇게 많지?' 하고 놀랄 것입니다. 그리고 저녁에 함께 이야기해 보세요. '다른 사람들도 다 이렇게 하고 사는데, 이 정도는 괜찮아.'라는 달콤한 생각에 사로잡히지 말고, 우리 아이와 내가 지금 여기에서 반성하고 실천을 시작하세요.

쓰레기를 줄일 수 있는 소비를 실천해 보세요. 요새 뜨거운 관심을 받는 '제로 웨이스트'가 바로 그것입니다. 많은 사람들이 이것을 실천하고 인증하는 '제로 웨이스트 챌린지'에도 참여하고 있습니다. 다음은 처음 제안한 미국의 블로거 비 존슨의 제로 웨이스트 실천법 '5R'입니다.

Refuse : 필요 없는 물건은 거절하기
Reduce : 쓰는 양을 줄이기
Reuse : 다회용 제품을 사용하기
Recycle : 재활용은 다시 쓸 수 없을 때만 하기
Rot : 썩는 제품을 사용해서 매립해 자원을 순환시키기

우리 생활 속에서는 어떻게 실천할까요? 장을 볼 때는 장바구니를 챙기기, 플라스틱 빨대 사용하지 않기, 텀블러를 사용하고 물티슈와 휴지 대신에 손수건 사용하기, 음식 포장할 때 집에서 사용하는 그릇을 가져가기 등 세상을 바꾸고 지구를 구하는 작은 습관을 바로 지금, 집에서 시작해 보도록 합니다.

☑ 방구석에서 우주 만나기

아이에게 있어 우주만큼 신비로운 존재도 없을 것입니다. 기기가 발달하면서 이제는 집에서 컴퓨터나 스마트폰만 있어도 우주를 탐험할 수 있는 방법이 많이 있습니다. 대표적으로 구글 어스(Google Earth)나 스텔라리움(Stellarium)과 같은 천체 탐사 어플리케이션만 다운로드하면 됩니다. 책에

서만 본 행성과 별을 화면 속에서 모두 볼 수 있어요. 그리고 기회가 된다면 가까운 천문대를 찾아가 보는 것도 좋습니다. 천체 망원경으로 직접 별을 관찰하는 경험은 책 속에서 지구형 행성과 목성형 행성을 외우는 것으로는 결코 도달할 수 없는 호기심, 성취감, 경외감을 안겨 줄 것입니다.

☑ 우리가 먹는 음식이 어디서 오는지 알아보기

2010년경, 영국의 유명 요리사 제이미 올리버가 '제이미의 스쿨 디너(Jamie's School Dinner)'라는 프로그램을 진행한 적이 있습니다. 온갖 정크 푸드로 가득한 급식을 먹고 있는 아이들의 식생활을 개선하고 입맛을 바꾸겠다는 기획이었지요. 프로젝트는 영국의 공교육 급식의 문제를 폭로하고 학생들의 건강을 개선한다는 취지로 실행되었고, 성공적인 결과를 담았습니다. 프로그램을 보면 웃을 수 없는 장면이 나오는데, 아이들은 자기들이 매일 먹는 음식의 재료 이름조차도 모르고 있었다는 것입니다. 토마토를 이야기하면 우리가 생각하는 채소가 아니라 토마토 케첩을 먼저 떠올립니다. 물론 우리 아이들이 이 정도는 아니겠지만, 최소한 우리가 먹는 음식이 어떤 재료로 만들어지며 어떻게 자라는지를 아는 것은 중요합니다. 맛있고 달콤한 마늘빵의 '마늘'이 혹시 나무에서 자라는 열매라고 알고 있지는 않은지 확인해 보세요. 그리고 아이들로서는 정체를 알 수 없는 반찬들이 실제로는 양념되기 전에 어떤 재료로 만들어진 것인지 설명해 줍니다. 더불어 그 식물이 자연에서 자라날 때는 어떤 모습인지, 어떤 부분을 채취한 것인지도 함께 알아보도록 하세요.

5장

의사소통의 필수 과목,
영어

"What is your name? Speak yourself."

2018년, 미국 뉴욕에 있는 UN 본부에서 BTS의 멤버 RM이 한 연설 중에서 마지막 외침이었습니다. 다들 연설 내용만큼이나 유창한 영어 실력에 깜짝 놀랐습니다. 어쩜 저렇게 전 세계인이 지켜보는 앞에서 기죽지 않고, 원어민 못지않은 영어를 구사할 수 있을까? 외국에서 오래 살았나 했지만 놀랍게도 RM은 순수 국내파였습니다. 외국에 살아 본 적은 없지만 좋아하는 미국 드라마를 수없이 반복하며 영어를 배웠다고 합니다. 얼마나 많은 시간을 투자하고 끊임없이 노력했는지 짐작이 갑니다.

'우리 아이도 저렇게 잘하면 얼마나 좋을까?', '학창 시절 내내 영어를 공부하고도 원어민 앞에만 서면 얼음이 되는 나처럼 되면 어쩌지?'와 같이 모든 부모들이 공통적으로 걱정하는 것이 영어 울렁증입니다. 그럼 아이들이 학교에서 몇 시간이나 영어를 공부하는지 계산해 볼까요? 초등학교에서 실시되는 영어 수업 시간은 3~4학년은 40분씩 주 2회, 5~6학년은 주 3회입니다. 모국어가 아닌 외국어를 주 2~3회 40분 수업만으로 습득할 수 있을까요? 절대 쉽지 않습니다. 그래서 학교에서뿐만 아니라 가정에서 훨씬 더 많은 시간을 투자해야 한다는 것을 우리 모두 알고 있습니다. 그렇다면 부모가 어떻게 집에서 영어를 도와줄 수 있을지 알아보겠습니다.

☑️ 파닉스, 꼭 해야 할까요?

파닉스는 왜 할까요? 그리고 꼭 해야 할까요? 파닉스는 영어를 읽기 위해서 배웁니다. a, apple/ b, bat/ c, cat처럼 자음과 모음에서 어떤 소리가 나는지 알아야 읽을 수 있기 때문이지요. 그렇다고 해서 반드시 파닉스를 마쳐야만 다음 단계로 넘어갈 수 있는 건 아닙니다. 많이 듣다 보면 자연스럽게 익힐 수 있기 때문입니다. 몇 개월 동안 영어 알파벳의 음가에 에너지를 쏟기보다는 자연스럽게 다양한 단어, 문장에 노출되는 것이 좋을 수도 있습니다. 파닉스를 공부한다면 교재를 한 권 정하고, 동시에 파닉스를 다루는 스타폴(www.starfall.com)과 같은 웹사이트를 이용해 보면 좋습니다. 시간도 훨씬 단축할 수 있고 효과도 좋습니다. 파닉스를 해야 하는지에 답은 간단합니다. 아이에게 시켜 보고 잘 따라 하고 재미있어하면 계속 시켜 보세요. 그러나 재미없어한다면 통문장이나 동화책 읽기와 같은 활동을 먼저 시작해 보는 것을 추천합니다. 아이들마다 좋아하는 성향이 달라서 생기는 현상이므로 어느 쪽을 먼저 공부하든 상관없습니다.

☑ 어휘는 다다익선

영어 공부할 때 단어는 많이 알면 알수록 당연히 득입니다. 많은 아이들이 단어장의 단어를 외운다고 스트레스를 받지만 그만큼 빠른 것도 없지요. 물론 아이들이 '시험'을 잘 보기 위해 단어를 외우기보다, 내가 영어를 듣고 말하기 위해서, 읽고 쓰기 위해서 단어를 익힌다는 마음을 갖는다면 더 좋겠죠. 그리고 아이들은 각자 자기가 관심이 있는 게 있습니다. 그런 분야의 단어들은 누가 시키지 않아도 잘 외웁니다. 내 아이의 관심 분야의 단어부터 시작하고 연결되는 단어로 그리고 문장으로 확장해 보는 게 좋아요. 아이가 좋아하는 분야의 책을 읽으면서 그 안에서 자연스럽게 단어를 익힐 수 있는 방법이 가장 좋습니다. 그리고 어휘 교재를 선택하여 외우게 하고 싶다면 너무 어려운 것을 고르기보다는, 적당히 쉬운 것으로 골라 여러 번 반복하는 것이 효과적입니다.

아이가 단어에 자주 노출되고, 사용하기 위해서는 집안 곳곳에 단어를 영어로 써서 붙여 놓는 것만큼 좋은 방법이 없습니다. 문에는 'door'라고 써서 붙여 놓고, 전등 스위치에는 'light', 테이블에는 'table'이라고 붙여 놓는 것이지요. 이런 방식으로 익숙해지면 외울 필요도 없습니다. 그냥 일상 속에서 저절로 익힐 수 있습니다.

☑ 말하기는 자신감이 반이다

영어 말하기를 잘하기 위해서는 무엇보다 자신감이 중요합니다. 영어로 말하는 것을 부끄럽게 생각하거나 두려워하면 발전이 없습니다. 아이가 조금이라도 아는 것이 있다면 영어로 말해 볼 수 있는 환경이 필요합니다. 어제보다 단어 한 개라도 더 알고 말한다면 아낌없이 칭찬해 주고, 틀려도 자꾸 시도할 수 있는 자연스러운 분위기를 조성하는 것이 중요합니다. 또한 대화할 수 있는 기회를 만들어 주는 것도 필요한데 아이토키(www.italki.com)와 같은 사이트를 이용하거나 회화 그룹을 만들어 영어로 대화해 보는 시간을 늘려 주세요. 말하기는 말하지 않으면 늘지 않습니다. 말하기를 잘하려면 많이 말해 봐야 합니다. 요즘은 다양한 스피킹 앱이 많이 나와 있기 때문에 이런 것을 활용하는 것도 좋은 방법이에요. 대화 내용을 녹음하여 들어 보고 어색한 부분을 교정하는 과정을 갖게 하는 것도 좋습니다. 그러나 교정은 아이가 원하지 않으면 하지 마세요. 말하기나 발음에 대해 지적을 당한다고 생각하면 아이가 주눅이 들어서 영어로 말하는 것을 기피하게 될 수도 있으니까요. 교정을 시키고 싶다면 지적을 하기보다는 미디어 콘텐츠를 통해서 많이 듣고 스스로 교정을 할 수 있는 기회를 주는 것이 효과적입니다.

☑ 발음에 집착할 필요는 없다

대부분 영어 발음이라고 하면 '얼마나 미국인처럼 발음을 하느냐'를 먼저 떠올리게 됩니다. 부모도 아이들이 미국 원어민 정도는 아니더라도 유창하게 영어를 말하기를 기대합니다. 그러나 영어는 미국과 영국에서만 사용하는 언어가 아니고, 전 세계적으로 영어를 모국어 또는 제2 언어로 사용하는 국가가 많습니다. 아프리카의 케냐도 아시아의 파키스탄도 영어를 사용하는 나라입니다. 그 사람들은 미국인이나 영국인처럼 발음하지 않지만, 영어를 아주 잘합니다. 결국 중요한 건 영어를 배워서 의사소통을 할 수 있는 것이지, 얼마나 원어민처럼 혀를 잘 굴리느냐 하는 것은 중요하지 않습니다. 아이의 발음에 집착할 필요는 없습니다. 오히려 세계 여러 나라의 다양한 영어 발음을 들어 보게 하고 이것을 이해할 수 있도록 지도하는 것이 중요합니다. 외국어로 말하기에서 가장 중요한 것은 상대방과 의사소통이 되느냐 하는 것입니다. 발음이 원어민 같지 않아도 정말 훌륭하게 영어로 연설을 했던 반기문 UN 사무총장과 BTS 멤버들을 보세요. 그들의 발음이 원어민 발음 같지는 않아도 많은 사람들이 공감하고 환호하는 스피치를 하잖아요. 그게 중요한 것입니다.

☑️ 아이의 수준보다 '살짝 어렵게' 듣기

영어는 말하기, 듣기, 읽기, 쓰기로 나누어진다고 하지만 결국은 모두 연결되어 있습니다. 그중에서도 우선적으로 해야 하는 것은 듣기입니다. 우리에게 있어 영어는 외국어에 해당하기에 최대한 '영어를 쓰는 나라'에 와 있는 것처럼 일상생활에서도 영어를 많이 듣게 해 줘야 합니다. 소리 노출을 많이 해 주라는 것인데, 밤낮으로 교육용 영어 음원을 틀어 놓거나, 영어 뉴스를 들려준다고 될까요? 그냥 틀어 놓는다고 되는 게 아니라 아이의 수준과 관심을 고려해야 합니다. 아이는 관심도 없고 자신의 수준에도 맞지 않는데 영어 뉴스를 들려주는 건 아무 의미가 없습니다. 어느 정도 수준이 되는데도 계속 쉬운 것만 들려주면 그것도 소음이나 다름이 없습니다. 중요한 것은 아이의 수준보다 살짝 높은 단계의 듣기를 할 수 있도록 하는 것입니다. 다음의 몇 가지 방법 중에서 집에서 할 수 있는 것을 골라서 해 보세요.

<集에서 할 수 있는 영어 노출법>
- 처음에는 조금 느린 속도로 들려주다가 점차 속도를 높여 들려주기
- 노래, 찬트, 짧은 영상, 긴 영상, 영화, 애니메이션, 뉴스, 드라마, 오디오북 등 다양하게 활용하여 리듬과 소리에 익숙해지기
- 그림책 보며 듣기 → 그림이 힌트가 되어 난이도가 낮아짐 → 점차 그림의 양이 줄고 글씨가 많은 것을 읽으며 듣기
- 영상으로 듣기를 할 경우 기본 단어와 표현은 외워야 듣기 효과가 극대화됨

☑ 독서의 힘은 영어에서도 통한다

책 읽기의 중요성은 우리말이나 영어나 가리지 않습니다. 다만 우리말로 된 책 읽기를 즐기지 않으면서 영어 책 읽기를 즐기기를 바랄 수는 없겠지요. 아이의 영어 책 읽기는 어떻게 지도해야 할까요? 듣기와 마찬가지로 아이의 수준에 맞는 것으로, 관심이 있는 내용의 책부터 시작하는 게 중요합니다. 독후 활동도 다양하게 하되 독서가 공부라는 느낌이 들지 않게 해야 합니다. 그리고 또 하나 강조하고 싶은 것은, 책을 읽으면서 영어 읽기 능력을 향상시키는 동시에 아이의 감성을 키울 수 있는 영어 책 읽기가 되어야 합니다. 서점이나 도서관에 가서 다양한 영어 책을 경험하게 하거나 스토리라인 온라인(www.storylineonline.net)과 같은 원어민이 영어 책 읽어 주는 사이트도 활용할 수 있습니다. 이 외에도 구글에서 검색해 보면 정말 양질의 영어 동화책이 많이 검색됩니다. 꾸준한 영어 책 독서로 흥미를 주고, 자연스럽게 영어 실력도 향상시킬 수 있습니다. 모두가 지긋지긋하게 느끼는 영어 문법도 자연스럽게 스며드는 효과가 있을 겁니다.

〈영어 책 이렇게 읽어 보세요〉

– 영어 책을 보는 단계 : 영어 그림책 → reader's book → chapter book → novel

– 아이가 읽기 전에 엄마가 먼저 읽어 보기

– 그림만 보기 → 오디오로 듣기

– 한 작가의 책 여러 권 읽기: Robert Munch, Anthony Browne, Roald Dahl 등

– 책 읽고 관련 영상 찾아보기: Madeline 책 읽고 DVD 보기

– 오디오 들으며 눈으로 읽기 → 오디오와 동시에 소리 내어 읽기(shadowing)

– 듣지 않고 소리 내어 읽기: 구와 절 끊어 읽기

– 읽은 책 단어집 만들기, 그림으로 그리기 등의 독후 활동

– 엄마와 책 내용 묻고 답하기

– 책 내용 영어로 요약하기

– 영어 읽기를 위한 교재도 활용: 다양한 장르의 글을 접할 수 있음

☑ 틀려도 자신감 있게 쓰기

영어 쓰기는 알파벳 쓰기부터 시작해서 자기 생각을 영어로 쓰는 에세이 단계까지 수준을 조금씩 올려가야 합니다. 또한, 시작 단계부터 바로 쓰기를 할 필요는 없습니다. 초등학교에서도 3~4학년 교육과정의 쓰기는 알파벳, 단어를 따라 쓰는 것으로 한정됩니다. 물론 집에서는 아이의 수준에 맞게 지도하면 되겠지요. 그런데 쓰기를 할 때 지나치게 문법 사항이나 철자의 정확성만 강조해서 아이가 쓰는 것을 두려워하게 만들거나, 아이의 의욕을 떨어뜨리는 일을 해서는 안 됩니다. 이 책의 앞에서도 강조했던 것이 문해력과 의사소통 능력에서 중요한 것은 자신의 생각을 전달할 수 있는 능력을 키우라는 것이었어요. 영어를 시작할 때부터 너무 문법이나 철자법에 매

이지 말고 아이가 어떻게 하면 앞으로 영어로 자신의 생각을 잘 전달할 수 있는 아이로 자랄 수 있는지에 초점을 맞춰 보세요. 아이가 철자와 문법이 틀려도 자기가 쓰고 싶은 것을 영어로 쓴다면 그 자체로도 칭찬받아 마땅한 것입니다.

〈영어 쓰기 이렇게 해 보세요〉

- 4선지에 줄 맞춰 대문자 소문자 구별하여 쓰기/ 빨간 선을 기준으로 대문자는 위의 두 칸에 꽉 차게, 소문자는 가운데 칸을 중심으로 위·아래로 올리거나 내려 쓰기/ A·a, B·b 짝으로 쓰거나 대문자만, 소문자만 쓰기
- 그림 보고, 단어 및 구, 문장 쓰기/ 읽고, 따라 쓰기
- 문장 시작하는 단어는 첫 글자를 대문자로 쓰기/ 문장 끝에 마침표 쓰기
- 영어 질문에 영어로 답 쓰기 / 듣고, 단어 및 구, 문장 받아쓰기
- 단어장 만들기
- 간단히 메모하기(해야 할 일 to-do-list 작성/ shopping list 작성)
- 기사 및 책 읽고 요약하기
- 자신의 생각 글로 쓰기

6장

아이의 재능을 발견할 수 있는, 음악, 미술, 체육

　　무엇이든 남들에게 뒤처지지 않으려는 한국인의 특성은 예술을 즐기는 데에서도 나타납니다. 초등학교에 입학할 때 즈음하여 피아노 학원을 다니기 시작하고, 비슷한 시기에 태권도와 미술 학원을 병행하고 시간적 여유가 조금 더 있으면 학교에서 운영하는 방과 후 프로그램을 몇 개 더 수강하거나 친한 친구들과 함께 축구, 야구 교실에 다니기도 합니다. 하지만 초등학교 고학년으로 올라가면서 아이가 특별히 소질이 있거나 좋아하는 것을 제외하고는 대부분 중단합니다. 물론 그 전에 이미 질려서 관두는 경우도 흔합니다. 본격적으로 영어, 수학 공부에 매진하여 중고등학교 입시를 대비하기 위해서입니다. 이렇게 아이들의 예술적 경험이 급격히 사라져 버리는 경우가 많은데 예체능마저 단기간에 속성으로 주입하는 대한민국의 단상이라고 볼 수 있습니다.

전공하려는 특별한 경우가 아니고서야, 예술을 대하는 우리의 자세란 늘 곁에 두고 즐길 수 있는 정도의 소양이면 충분합니다. 하지만 이것마저 영어, 수학처럼 몰아치는 것이 안타깝습니다. 기어이 피아노도, 그림도 싫어하게 만드는 우리의 환경이 아쉽습니다. 음악, 미술, 체육이라는 과목의 점수를 잘 받기 위한 방법을 염두에 두지는 않습니다. 예술을 귀로 듣고, 눈으로 보고, 몸으로 표현하는 이 위대한 세계를 일생에 있어서 함께할 수 있는 친구 같은 존재로 여길 수 있었으면 좋겠습니다.

☑ 아이의 미술 작품을 포트폴리오로 모으기

학교에서 미술 활동을 마친 후 아이들은 자신의 작품을 버리는 경우가 많습니다. 스스로의 노력이 들어간 작품에 대해 애정이 없는 경우가 많은데, 가정에서의 사정도 마찬가지일 것입니다. 어린이집 시절부터 모인 미술 작품 파일을 잘 보관하지만, 학년이 올라가면서, 한두 번의 이사를 거치고 나면 어느새 작품들은 사라져 버립니다. 아이의 성장 과정을 무엇보다 잘 알 수 있는 특별한 기록이 사라지는 것입니다. 학년별로 아이가 미술 활동을 한 작품을 포트폴리오 파일로 모아 봅시다. 이것이 꼭 스스로를 돌아보고 반성하기 위한 공부거리일 필요는 없습니다. 이것 자체로 아이의 성장을 확인할 수 있는 훌륭한 자료가 됩니다.

☑️ 사진으로 일상을 기록하기

만들고 그리는 것만 미술이라는 것 역시 우리의 흔한 오해입니다. 일상의 장면들을 사진으로 담는 것도 예술이며, 많이 해 볼수록 실력이 늘어납니다. 생활 속에서 방문하는 일상적인 공간들, 공원, 시장, 학교를 사진 속에 담는 것으로 시작해 볼까요? 또 여행 중에 방문하는 다양한 공간까지 카메라 속의 장면으로 담아 봅시다. 시간과 장소의 변화에 따라, 그리고 여행에 임하는 나의 감정에 따라서 여러 가지 장면을 사진으로 담으면 훗날 여행의 추억을 되살릴 수 있는 훌륭한 기록이 될 것입니다. 어떻게 구도를 잡아야 원하는 장면을 잘 표현할 수 있을지, 빛은 어느 방향에서 들어오는지 다양한 사진을 찍으면서 스스로 터득할 수 있습니다.

☑️ 생활 속에서 미술 찾기

왜 우리는 꼭 '미술'을 감상하기 위해서는 미술관을 가야만 한다고 생각하는 것일까요? 미술 작품은 미술관이라는 곳에서 우리를 기다리기도 하지만, 우리의 책상 위에, 서랍 속에 잠자고 있기도 합니다. 평범한 우리의 일상 속에 미술과 디자인이 숨어 있음을 아이와 함께 이야기해 봅시다. 라면 봉지에 그려진 그림이 유명 화가 호안 미로의 그림이고 어린 동생이 쓰던 모빌이 실은 칼더(Alexander Calder)라는 조각가의 예술 작품에서 출발했다는 작은 사실에서부터 시작해 보면 어떨까요? 이 외에도 많습니다. 우리가 옷이나 휴대폰을 고를 때 크게 고려하는 '디자인' 역시 여기에 해당됩니다. 우리 집의 분위기에, 내 방의 색깔에 맞추어 가구와 물건을 골라 보는 경험은 자연스럽게 예술적 안목으로 이어집니다. 예술은 일상 속에 있습니다.

☑ 늘 음악이 흐르는 우리 집 만들기

가족들이 모여 함께하는 시간에 늘 잔잔하게 음악이 흐르는 집 안 환경을 만들어 주는 것은 아이들이 다양한 음악에 노출되고, 음악에 익숙해지는 데에 좋은 방법입니다. 태교할 때처럼 꼭 모차르트의 음악만 들어야 하는 것은 아닙니다. 장르는 다양할수록 좋습니다. 클래식, 재즈부터 아이들이 좋아하는 가요, 힙합, 영화 OST까지, 가족들이 서로의 음악 취향을 공유하는 것은 좋은 방법입니다. 엄마 아빠가 좋아하는 노래부터 첫째가 심취한 힙합에, 막내가 좋아하는 겨울왕국 주제가까지, 시대를 넘나드는 음악 속에서 서로의 사연이 깃들고 다양한 이야기를 나눠 볼 수 있는 기회가 될 것입니다.

한편, 클래식 음악에 대한 애호는 사실 부모의 영향이 절대적입니다. 클래식 음악을 즐기고 음악회장에 다니는 것이 교양과 품위의 상징인 시대는 물론 아닙니다. 하지만 우리가 지금까지 즐기는 음악의 기초를 닦은 그 시절의 '명품'들을 귀로 들으며 되새기는 것은 분명히 의미가 있습니다. 바쁜 일상과 스케줄로 시간이 넉넉지 않다면 일주일에 클래식 음악 한 곡 정도 시도해 봅시다. 아이와 함께 듣고, 누구의 곡인지, 어떤 느낌이 드는지 느낌을 공유해 보면 좋습니다. 쌀쌀한 가을날 오후, 쇼팽의 발라드를 함께 귀 기울여 들었던 작은 기억들이 모여 음악을 사랑하는 내 아이를 만들 수 있는 것입니다.

☑ 음악의 언어를 이해하기

우리가 한글이라는 문자를 통해 글을 쓰고 서로의 생각과 느낌을 전하듯이, 음악에서는 악보에 음표를 표기하는 것으로 음악적인 의사소통을 합니다. 물론 이론적인 부분을 중시하는 것보다 음악에 대해 흥미를 가지고 가까이할 수 있게 하는 것이 아이들에게 더 중요할지 모릅니다. 하지만 이 흥미를 해칠까 봐 악보를 보고 계이름을 읽는 기본을 등한시하는 것은 책 읽는 흥미를 잃지 않게 하려 글자를 안 가르치는 것과도 같습니다. 오선보에 기입된 음표를 읽고 계이름을 붙이는 것은 음악에 사용된 선율과 화성을 이해하는 기본입니다. 초등학교 수준에서 다루는 간단한 동요, 리코더 연주곡에 대한 계이름은 스스로 읽고 쓸 수 있을 정도의 준비는 해 주는 것이 좋습니다.

☑ 악기 하나 정도는 다루기

학교 정규 교육과정에서 리코더나 단소를 배우게 됩니다. 이 악기 외에 우리 아이가 다룰 수 있는 악기를 하나 정도 더 만들어 주면 어떨까요? 흔히들 선택하는 피아노도 매우 좋습니다. 악기를 다룰 수 있는 것은 음악의 기초를 이해하는 데 큰 도움을 줄 뿐만 아니라, 아이의 정서 순화에도 좋습니다. 힘들고 지칠 때나, 아니면 기쁘고 행복할 때, 맛있는 음식을 먹고 쉬는 것 이외에 창밖을 보며 악기를 연주하는 선택지가 존재한다는 것은 한층 더 삶을 풍요롭게 할 것입니다.

☑ 다양한 스포츠에 대한 경험과 동시에 한 가지를 꾸준히

초등학교 입학기에는 남녀 공통으로 태권도를 배우곤 합니다. 남학생들은 거기에 더해 대부분 축구를 하고, 소수의 아이들은 야구를 하지만, 여학생들은 이후 스포츠에 대한 경험이 거의 전무한 것이 현실입니다. 일상 속에서, 학교에서 접한 몇 가지의 스포츠를 가지고 신체 활동 전반에 대한 스스로의 선호도를 판단하는 것은 너무 아쉬운 일입니다. 얼마나 다양한 스포츠 종류가 있는지 알고, 가능한 한 다양한 스포츠를 접할 수 있도록 해줍시다. 그리고 그중에 아이가 관심 있고 흥미 있어 하는 운동을 꾸준하게 할 수 있도록 합니다. 몸으로 배운 운동만큼 실력이 정직하고 오래가는 것이 없기 때문에 아이들은 배우면서도 큰 성취감을 맛볼 수 있습니다. 우리 아이는 운동에는 소질이 없고 좋아하지 않는다고 생각한 부모들이라면, 혹시 우리 아이가 다만 태권도나 축구를 좋아하지 않는 것은 아닌지 생각해 보았나요? 아이가 행복을 만끽할 수 있는 다른 운동을 찾아봅시다.

☑ 아이를 파악하는 가장 손쉬운 방법은 체육 활동

몸으로 움직이는 활동만큼 사람의 성격과 감정이 솔직하고 가감 없이 드러나는 것이 또 없습니다. 학교에서도 책상에 앉아서 하는 공부 시간에는 알 수 없었던 아이의 모습이 운동장에서 나타나기도 합니다. 바깥에서 열심히 뛰고 있으면 '운동을 잘하고 있네.' 하고 마냥 넘어가지 맙시다. 그 과정을 통해 우리 아이의 의외의 모습을 발견할 수 있습니다. 주변의 사람을 어떻게 배려하고 있는지, 얼마나 승부욕이 있는 아이인지, 또래 아이와의 갈등 상황을 해결하는 방식은 어떠한지 등 다양한 정보를 줍니다.

기다리는 데에 익숙하지 않은 우리 어른들은 아이가 스스로의 취향을 알아 가고 발전하는 것을 바라보지 못하는 경우가 많습니다. 물을 끓이는 냄비를 계속 열어 보듯 참견하고, 끊임없이 채근하는 것 같습니다. 피아노 학원을 다니는 데 금방 실력이 늘지 않으면 불안하고, 미술을 시켜도 아이가 제자리걸음인 것 같아 다그칩니다. 축구 수업에서 돌아온 아이에게 공을 따라만 다니지 말고 너도 골을 좀 넣어 보라고 한마디 보태는 것은 낯선 풍경이 아닙니다. 삶을 풍요롭게 하고, 즐기기 위한 예술마저 잔소리거리가 되는 것은, 어쩔 수 없다고 하기에는 너무 슬픈 현실입니다. 결과물보다는 그 과정이 즐거웠는지가 중요합니다. 긴 인생 속에서 음악을 듣고, 미술을 감상하며, 신체로 표현하는 것을 가까이할 수 있으면 절반은 성공입니다. 미술을 열심히 배웠다고 꼭 그것이 상상화 그리기 대회의 상장이 되어야 할 필요는 없습니다. 피아노 학원을 다니는 기억을 꼭 콩쿠르 트로피만으로 기념할 필요도 없습니다. 예술을 즐기는 마음과 점차 늘어가는 그 과정을 칭찬해 줍시다. 내 아이가 조금 더 잘했으면 좋겠다고 생각하는 부모의 애정 섞인 잔소리를 어찌 모르겠습니까? 하지만 즐겨야 지치지 않습니다. 지치지 않아야 행복할 수 있습니다.

코로나 사태로 인해 2020년은 아이와 부모 모두에게 힘든 시기였습니다. 엄마들 사이에서 2020년이 물건처럼 환불이 된 다면 정말 환불하고 싶다는 말들도 많았습니다. 그러나 그중에서도 누군가는 그 시간을 정말 알차게 보냈을 것입니다. 앞에서도 코로나 사태와 비대면 수업으로 인한 학업 결손과 학습 격차가 생길 것이라 고 언급했지만 이에 대한 우려가 여기저기서 터져 나오고 있습니다. 원래 공부를 잘하던 아이들은 학교 시험에서도 오히려 저만큼 더 앞 서 나갔지만, 그렇지 않은 아이들은 성적이 더 떨어져서 이제는 벌어 진 격차가 가시화되었다고 할 수 있습니다. 결국 이러한 차이는 아이 의 역량에서 결정이 됩니다. 새로운 환경에 대한 적응력, 적응하기 위 해서 새로이 배우려는 자세, 자기 주도적 역량, 창의적으로 문제를 해 결하는 능력 등 다양한 역량이 종합적으로 작용하여 결과를 만드는 것입니다. 이런 역량들이 이 책에서 계속 강조하고 있는 '고기 잡는 방법'입니다. 빠르게 변화하는 사회에서 적응하고 대응하기 위해서는 지속적으로 스스로 새로운 지식과 기술을 배울 수 있는 방법을 알아야 합니다.

이 책에서 다루고 있는 창의성, 문해력, 자기 주도적 학습 역량, 비판적 사고, 미디어 리터러시 역량은 미래 지향적인 역량인 동시에 현재 당장 필요한 역량입니다. 자신의 삶의 주체가 되어 성공적이고 행복한 삶을 누리기 위한 21세기의 기본적인 역량인 것입니다. 그럼에도 불구하고 당장 성적표에 보이지 않는다는 사실 때문에 현실과는 동떨어진 역량이라고 생각할 수도 있습니다. 하지만 이제는 좀 더 핵심적인 문제를 바라보고 목표를 세워야 할 때입니다. 비교적 예측 가능한 미래에 대해서도 제대로 대비하기 어려운데, 코로나 사태와 같이 전혀 예상치 못한 상황을 만나게 되면 정말 무기력해질 것입니다. 앞으로 어떤 상황이 닥치더라도 이를 꿋꿋하게 버틸 수 있는, 아니 그 이상으로 그 미래를 즐길 수 있는 아이들로 키워야 합니다. 진짜 실력 있고 역량 있는 사람은 위기 때 더욱 빛이 납니다. 이런 실력과 역량은 절대 하루 아침에 길러지는 것이 아니고, 어릴 때부터 목표를 세워 매일 생활 속에서 그리고 매일 하는 학습 안에서 실천되고 길러져야 합니다. 그리고 학부모와 교사는 그 가이드 역할을 분명하게 해야 합니다.

이런 어려운 시기를 잘 극복한 아이들에게는 그 시간이 소중한 경험으로 남을 것입니다. 시간이 흐르면, 아이들은 다시 교실에서 웃고 떠들고 장난을 치게 될 것입니다. 하지만 교실 풍경이 비슷하다고 해서 학교가 예전과 똑같아지지는 않을 것입니다. 물론 이제는 학교나 교육이 예전 방식으로 돌아가서도 안 됩니다. 인류가 교육을 시작한 이래로 항상 교육의 목표는 미래에 대한 준비였지만, 이제는 진짜 미래를 바라봐야 할 때가 된 것입니다.

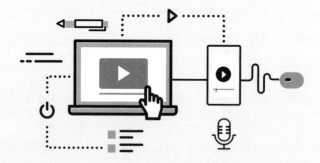